개념부터 초등 교과 연계
이걸로 충분해!

인공지능

통으로 깨치기

지은이 강신옥, 김도형 | 감수 김정랑 교수 (인공지능융합교육센터장)

다산스마트에듀

머리말

인공지능 (AI)이란 컴퓨터가 인간의 지능을 재현한 것 또는 재현하기 위해 만든 기술을 뜻합니다. 인간의 지능은 사물을 정확하게 인식하고 이를 토대로 새로운 지식을 만들거나 미래를 예측합니다. 하지만 환경에 따라 작업 속도가 불규칙하기도 하고 상황에 따라 결과가 달라지기도 합니다. 이러한 한계를 극복하기 위해 등장한 것이 바로 인공지능입니다. 현재 인공지능은 인간이 하는 일을 일부 대체하고 있으며 계속 진화해 가는 인공지능에 사람들은 더욱 관심을 보이고 있습니다.

이런 인공지능 시대를 대비해서 아이들은 다양한 역량을 길러야 합니다. 일상생활의 다양한 서비스나 제품에 들어 있는 인공지능 기술을 알고 활용하며 인공지능과 협업할 수 있는 능력, 문제 해결에 필요한 데이터를 수집하고 처리하고 분석할 수 있는 능력, 인공지능 학습 원리를 알고 일상생활 문제를 인공지능을 활용해 해결하기 위한 전략을 수립하고 적용할 수 있는 능력, 인공지능과 관련된 다양한 윤리적 이슈를 알고 이를 올바르게 대처하기 위한 역량들이 그것입니다.

우리는 아이들이 위와 같은 역량을 기르고 지금은 신기하지만 먼 것으로만 느끼는 인공지능에 흥미롭게 접근하는 방법을 고민했습니다. 고민 끝에 나온 이 책은 학교에 있는 학생들과 인공지능 교육을 실천하고 연구하는 현장 교사들, 그리고 가정에서는 자녀들에게 인공지능을 쉽게 배우고 직접 체험할 수 있게 해 줄 것입니다.

인공지능의 기본 개념과 원리, 각 교과에서의 활용 방법을 놀이로 인식할 수 있도록 했습니다. 책을 따라 놀다 보면 주변에 있지만 알기 어려웠던 인공지능의 개념과 인공지능에 함께 등장하지만 실체가 무엇인지 궁금했던 빅데이터, 머신러닝, 딥러닝 등의 개념을 자연스럽게 내면화할 수 있습니다. 이를 토대로 우리 주변의 사물에 인공지능을 적용하는 방법과 인공지능과 협업할 수 있는 능력, 인공지능과 관련된 윤리적인 이슈에 대해 올바르게 대응하는 능력을 기를 수 있을 것입니다.

처음부터 혼자 힘으로 인공지능의 원리를 이해하는 것은 결코 쉬운 일이 아닙니다. 이 책이 인공지능 교육과 학습을 시작하는 모두에게 쉽게 시작할 수 있는 디딤돌이 되기를 바라면서, 이 책이 나오기까지 조언해 주시고 감수해 주신 광주교육대학교 김정랑 교수님, 새로운 책을 기획하는 고됨을 함께한 다산북스 신정화 팀장님, 그리고 책의 출간을 위해 많은 조언과 응원을 보내 주신 모든 분들에게 진심으로 감사드립니다.

강신옥, 김도형 드림

추천사

시대가 발전하면서 교육 방향도 나날이 발전하고 있습니다. 그럼에도 바뀌지 않는 교육의 본질은 학습자가 스스로 흥미를 느끼고 탐구하도록 하는 것입니다. 『인공지능 통으로 깨치기』는 이런 교육을 위한 교재입니다. 자칫 어렵게 느낄 수 있는 인공지능의 개념을 만화로 쉽게 이해하고, 게임으로 즐기면서 자신이 무슨 개념을 배우고 있는지 정리하고 확장하는 패턴은 궁극적으로 학습자 스스로 책을 펼치게 하는 흥미를 불러올 것입니다. 학습에 강력한 동기를 부여해 주는 힘을 가진 『인공지능 통으로 깨치기』는 책을 즐기다 보면 본인도 모르는 사이에 인공지능을 체화하는 신기한 경험을 할 수 있을 것입니다.

전라남도 창의융합교육원장 김경미

4차 산업 혁명과 코로나 (COVID-19)로 오늘날 우리의 일상생활과 교육 환경은 너무도 많은 변화가 생겼습니다. 학생들은 코딩을 배우고 온라인으로 학습하면서 디지털 역량이 향상되었습니다. 또한 우리 일상생활을 편리하게 하는 인공지능 기술이 공교육에 도입되어 학생들이 필수적으로 알아야 하는 지식이 되었습니다. 이 책은 인공지능 기술의 개념과 활용 사례를 만화 형식으로 학생들에게 쉽고 효과적으로 전달하고 있습니다. 그리고 하나의 문제에 대한 개념을 파악하고 분석하여 절차적인 해결 방법을 스스로 찾을 수 있도록 유도하는 학습 모델을 제시함으로써 학생들의 컴퓨팅 사고력을 키울 수 있는 좋은 교재로 판단되어 추천합니다.

소프트웨어교육혁신센터 센터장 이원주

강신옥 선생님과 김도형 선생님을 알게 된 지도 벌써 7~8년이 되어 갑니다. 제가 아는 두 분 선생님은 새로운 도전을 즐기는 개척자이자 어려운 내용도 쉽고 재미있게 알려 주는 타고난 프리젠터입니다. 이제 인공지능은 일상적인 단어가 되었지만, 여전히 새로운 분야이고 제대로 이해하기 쉽지 않습니다. 초등학생 눈높이에 맞춰 어려운 인공지능을 쉽고 재미있는 놀이책으로 풀어낸 두 분 선생님의 도전에 큰 박수를 보내며, 우리 아이들이 멋진 책 『인공지능 통으로 깨치기』 속 만화와 게임을 재미있게 즐기면서 인공지능과 친한 친구가 될 것으로 믿습니다.

한국교육학술정보원 온라인교과서부장 김재은

많은 학부모들과 대화를 해 보면 4차 산업 혁명과 인공지능이 우리 아이가 살아갈 시대에는 필수라고 하는데 어떻게 접근시켜야 할지 물어보는 경우가 많다. 어른이 들어도 어렵게 느껴지는 인공지능이나 빅데이터 등을 공부가 아닌 일상생활에서부터 쉽고 재미있게 예시를 통해 접할 수 있다면 어른들과는 다른 디지털 네이티브 세대인 우리 아이들은 자연스러운 생활 속의 한 요소로 받아들일 수 있을 것 같다. 이 책에는 아주 쉽게 만화로 표현한 인공지능 요소들을 만화책 읽듯이 읽어 가면서 함께 따라 해 볼 수 있게 구성되어 있어 부담이 없다. 우리 아이를 인공지능과 함께하는 미래형 인재로 키우고자 한다면 꼭 읽어 보라고 권유하고 싶다.

계성초등학교 교사, 스마트교육학회장 조기성

이 책의 구성과 특징

각 단원의 인공지능 개념을 만화로 재미있게 살펴보아요.

Concept Input

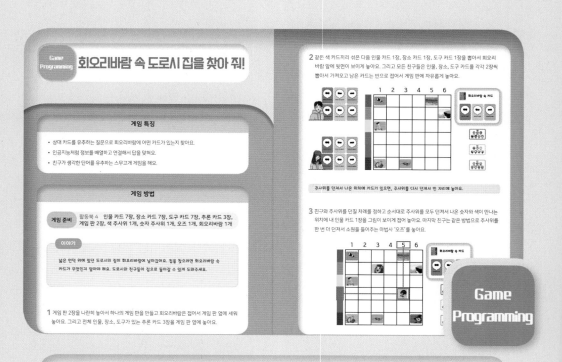

게임을 하면서 인공지능 원리를 자연스럽게 익혀요.

Game Programming

Concept Input ···> Game Programming ···> Idea Thinking ···> Concept Output

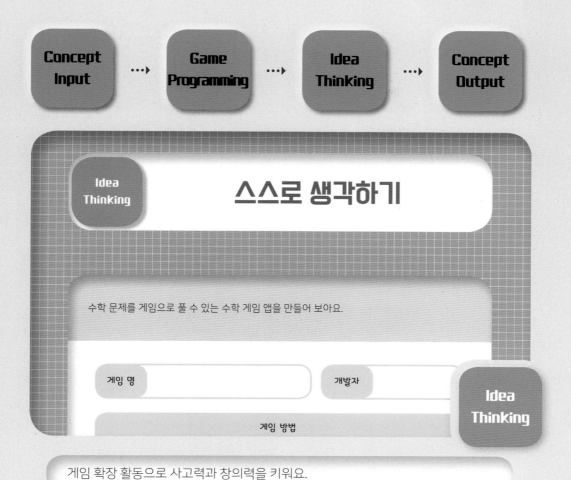

Idea Thinking

스스로 생각하기

수학 문제를 게임으로 풀 수 있는 수학 게임 앱을 만들어 보아요.

게임 명   개발자

게임 방법

Idea Thinking

게임 확장 활동으로 사고력과 창의력을 키워요.

Concept Output

개념 이해하기

문제

1 컴퓨터가 사람처럼 눈으로 문자를 인식해서 의미를 이해하고 결과를 찾는 방식으로, 수학 문제나 모르는 단어를 휴대폰으로 촬영할 때 활용하는 기술은 무엇인지 골라 보아요.

① 의사 결정 트리   ② 사물 인터넷   ③ 문자인식   ④ 알고리즘

Concept Output

문제를 풀어 보며 개념을 정리해요.

차례

1 단원　　　　알고 보면 쉬운 인공 지능

마무리 만화

활동북

캐릭터 소개

포니

인공지능 로봇.
준과 주비가 휴대폰 세계에서 집으로
돌아갈 수 있게 도와줌.

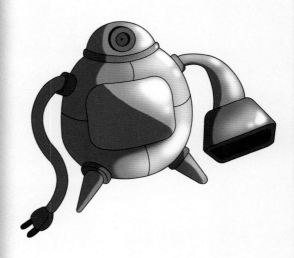

요폰

인공지능 악당 로봇.
휴대폰에 중독된 아이들의 에너지를 빼앗아
세계를 정복하려 함.

요요

악당 요폰의 부하 로봇.
몸에 달린 카메라로 휴대폰에 중독된
아이들을 찾아냄.

김윤

인공지능 연구원.
휴대폰 세계에 자신의 아이들이
빨려 들어간 것을 알고 미션을
해결할 수 있게 노력함.

신현지

인공지능 연구원.
항상 아이들과 남편을
다정하게 챙김.

김준

게임을 무척 좋아해서
휴대폰의 세계로
빨려 들어간 남자아이.
휴대폰의 세계에서 미션을
해결하는 데 재미를 느낌.

김주비

오빠와 함께 휴대폰 속 세계로
빨려 들어간 여자아이.
톡톡 튀는 아이디어로
미션을 해결하는 데
도움을 줌.

1

알고 보면 쉬운
인공지능

학습 목표	• 인공지능을 설명할 수 있어요. • 인공지능의 관련 개념을 이해해요.

DASAN

학습 단원

인공지능은 무엇일까?

Concept Input 인공지능 (AI, Artificial Intelligence)은 사람처럼 생각하고 움직이고 표현할 수 있게 만든 컴퓨터 과학 기술이에요.

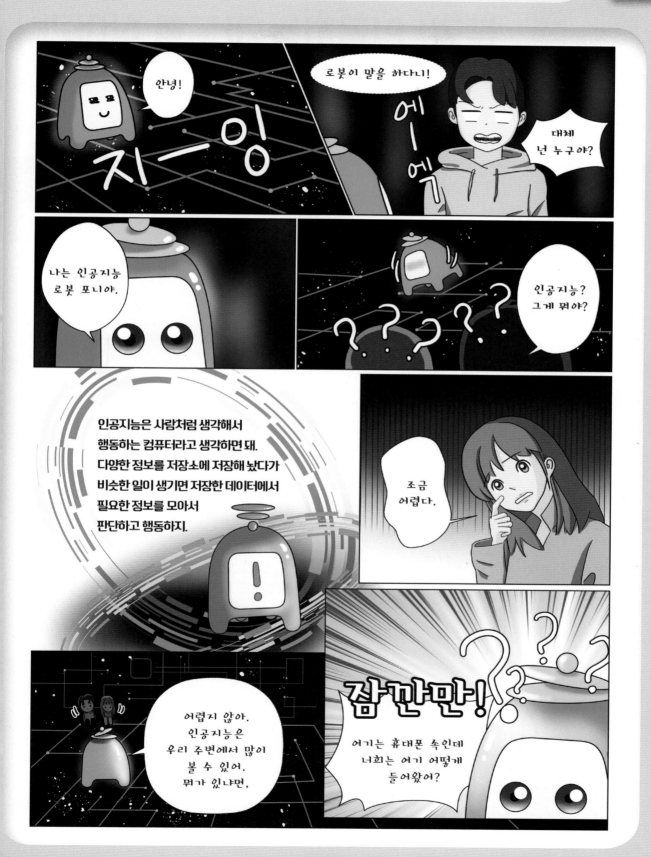

특명! 인공지능 카드를 찾아라

게임 특징

- 인공지능의 특징을 이용해서 카드를 분류해요.
- 스스로 생각하고 판단하고 행동하는 인공지능의 특징을 이해해요.
- 우리 주변에서 경험할 수 있는 인공지능을 찾아요.

게임 방법

게임 준비 활동북 1 인공지능 카드 12장, 인공지능이 아닌 카드 6장

1 인공지능 카드와 인공지능이 아닌 카드를 살펴보아요.

2 카드를 모두 섞어서 뒷면이 보이게 쌓아 놓아요. 친구들은 카드를 1장씩 보이지 않게 가져와서 자기 앞에 놓아요.

3 '하나, 둘, 셋!'을 같이 외치고 가져온 카드를 모두 볼 수 있게 동시에 뒤집어요.

4 내가 뒤집은 카드에 아래처럼 인공지능 요소가 있으면 카드를 들어요.

로봇 청소기는 더러운 곳을 찾아서 청소해요. 이처럼 카드에 사람이 시키지 않아도 스스로 하는 인공지능 요소가 있으면 카드를 들어요.

5 나머지 친구가 먼저 카드를 든 친구에게 인공지능 카드인지 묻는 질문 을 해요.

스스로 청소해요

질문

1. 카드 속 물건은 **스스로 생각**하나요?

2. 카드 속 물건은 **스스로 판단**하나요?

3. 카드 속 물건은 **스스로 행동**하나요?

6 카드를 든 친구는 아래 예시 를 참고해서 질문에 대답해요.

예시

1. 카드 속 물건은 **스스로 생각**하나요?

   네, 로봇 청소기는 먼지가 있는 곳을 스스로 찾아다녀요.

2. 카드 속 물건은 **스스로 판단**하나요?

   네, 로봇 청소기는 바닥에 먼지가 있으면 먼지를 치워야 한다는 판단을 해요.

3. 카드 속 물건은 **스스로 행동**하나요?

   네, 로봇 청소기는 먼지가 있으면 시키지 않아도 알아서 청소해요.

카드 속 물건을 떠올려 보고 물건의 특징과 물건을 이용한 상황을 근거로 들어 질문에 대답해요.

7 대답이 모두 '네'이고 근거가 타당하면 대답을 한 친구가 바닥에 있는 카드를 모두 획득해요.

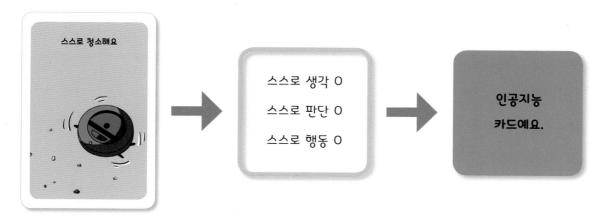

카드 분류 정답은 20쪽에서 확인할 수 있어요.

8 만약 대답이 하나 이상 '아니오'거나 근거가 타당하지 않으면, 대답을 한 친구는 카드를 자기 앞에 다시 내려놓아요.

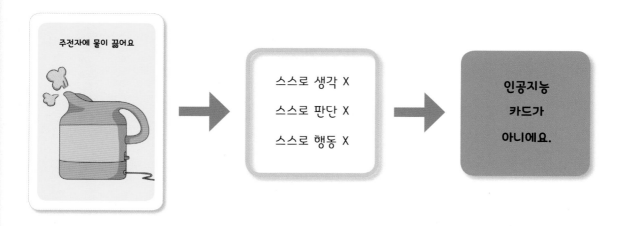

대답을 한 친구가 카드를 획득하지 못하면 모든 친구들은 가지고 있는 카드 위에 새로운 카드를 1장씩 다시 뽑아 놓아요. 그리고 같은 방법으로 게임을 해서 인공지능 카드를 맞힌 친구가 바닥에 있는 모든 카드를 획득해요.

9 게임을 반복해서 쌓여 있는 카드가 모두 없어지면 게임이 끝나요. 이때 카드를 가장 많이 가져간 친구가 승리해요.

Idea Thinking

스스로 생각하기

게임의 인공지능 카드처럼 주변에서 인공지능을 이용한 물건을 찾아서 빈칸에 그려 보아요.

인공지능 카드와 인공지능이 아닌 카드

인공지능 카드 : 스스로 청소해요, 사람과 대화해요, 노래를 추천해서 재생해요, 자동으로 운전을 해요, 얼굴을 인식해서 로그인해요, 실시간으로 길을 찾아요, 자동으로 집 안에 불을 켜요, 오늘 일정을 자동으로 알려 주어요, 컴퓨터가 사람과 함께 게임을 해요, 언어를 실시간으로 번역해요, 수준에 맞는 문제를 추천해요, 형량을 예측해요

인공지능이 아닌 카드 : 주전자에 물이 끓어요, 걸레는 바닥을 닦는 데 써요, 신발이 가게에 진열되어 있어요, 책은 지식을 쌓게 해요, 음식은 사람에게 영양소를 주어요, 횡단보도 신호등이 바뀌어요

Concept
Output

개념 이해하기

문제

1 사람처럼 생각하고, 움직이고, 표현할 수 있게 만든 컴퓨터 과학 기술은 무엇인지 골라 보아요.

① 휴대폰　　② 코딩　　③ 인공지능　　④ 컴퓨터

문제

2 인공지능 카드가 <u>아닌</u> 것을 골라 보아요.

①
스스로 청소해요

②
책은 지식을 쌓게 해요

③
얼굴을 인식해서 로그인해요

④
자동으로 운전을 해요

1. ③　2. ②

데이터와 빅데이터

Concept Input

데이터 (Data)는 가공하지 않은 객관적인 사실이에요.

빅데이터 (Big Data)는 셀 수 없을 만큼 많고, 종류가 다양하며 빠르게 처리할 수 있는 데이터를 말해요.

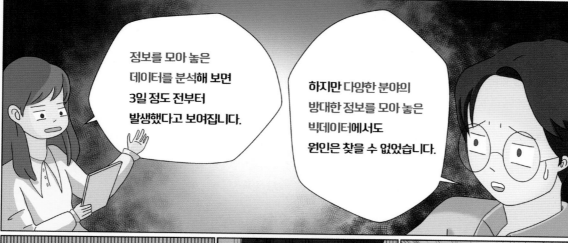

너의 기분을 알고 싶어

게임 특징

- 감정을 분류하는 기준에 따라 카드에 나타난 감정을 파악해요.
- 인공지능이 데이터를 인식하는 과정을 이해해요.
- 감정을 분류하는 기준에 따른 새로운 표정을 찾아요.

게임 방법

게임 준비 활동북 2 감정 카드 8장, 색연필

1 인공지능이 사람의 감정을 어떻게 인식하는지 아래 예시 를 참고해서 이야기를 나누어요.

예시

1. 얼굴의 어느 부분에서 감정을 알 수 있을까요?

   기뻐서 웃거나 화나서 찡그릴 때 움직이는 눈썹과 눈과 입이 감정을 나타내는 것 같아요.

2. 인공지능은 사람의 감정을 어떻게 인식할까요?

   데이터로 사람의 감정을 인식해서 정보화해요. 그리고 많은 데이터 중에서 비슷한 감정을 찾아서 인식해요.

2 데이터로 감정을 파악하는 인공지능이 '눈썹, 눈, 입' 데이터가 있을 때, 어떻게 지수화하는지 알아보아요.

감정 지수

1. 눈썹은 눈썹 끝부터 세 부분으로 나눠서 올라간 위치에 따라 ①, ②, ③으로 나타내요.

2. 눈은 세로 길이가 짧으면 ①, 길면 ②로 표현해요.

3. 입은 가운데를 기준으로 입꼬리가 올라가면 ①, 내려가면 ②로 나타내요.

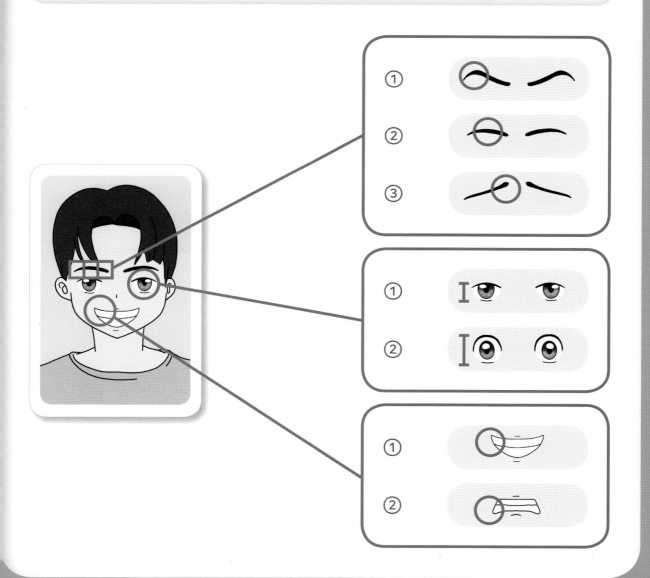

3 카드를 보고 감정 지수 를 대입해서 어떤 표정인지 이야기를 나누어요.

'놀라다'의 감정 지수를 나타내면 눈썹은 중앙이 올라가서 ②, 눈은 세로 길이가 길어서 ②, 입은 입꼬리가 내려가서 ②예요.

놀라다

4 인공지능이 감정을 인식하는 방법에 따라 카드 앞면의 표정을 보고 기준에 맞게 뒷면의 '감정 지수'에 동그라미를 해 보아요.

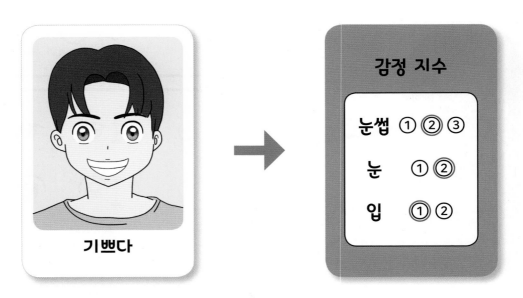

기쁘다

감정 지수

눈썹 ① ② ③

눈 ① ②

입 ① ②

감정 지수 정답은 28쪽에서 확인할 수 있어요. 카드 뒷면을 모두 완성한 다음 정답을 확인해 보아요.

5 완성한 카드를 잘 섞어서 뒷면이 보이게 쌓아 놓아요. 그리고 뒷면의 숫자를 보고 감정을 추리
해서 정답을 맞혀요.

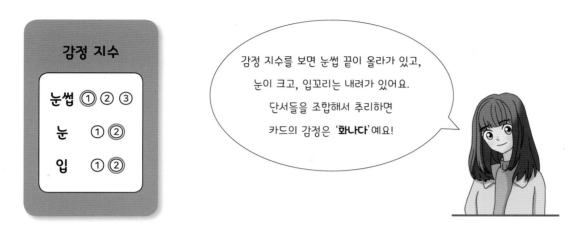

감정 지수를 보면 눈썹 끝이 올라가 있고,
눈이 크고, 입꼬리는 내려가 있어요.
단서들을 조합해서 추리하면
카드의 감정은 **'화나다'** 예요!

6 감정 카드를 뒤집어서 정답이면 카드를 가져가요. 내가 추리한 감정과 다르면 카드를 반납해서
한쪽에 모아 두어요.

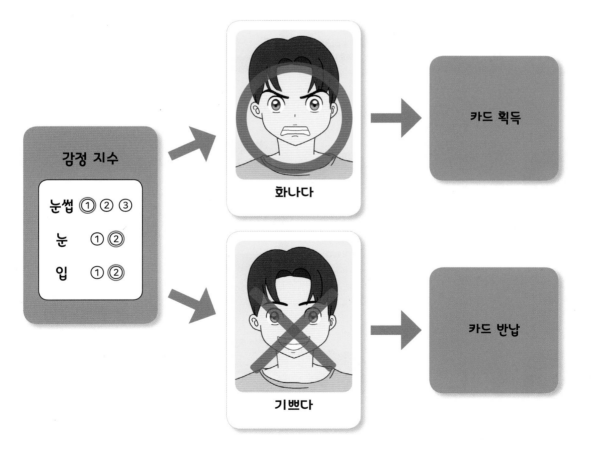

7 쌓여 있는 카드를 모두 쓰면 게임이 끝나요. 이때 카드를 가장 많이 가져간 친구가 승리해요.

스스로 생각하기

표정을 강정 지수 로 나타낸 카드 정답이에요. 카드 속 표정을 따라 해 보고 카드에 없는 새로운 표정을 찾아서 카드를 만들어 보아요.

화나다

강정 지수

눈썹	① ② ③
눈	① ②
입	① ②

짜증나다

강정 지수

눈썹	① ② ③
눈	① ②
입	① ②

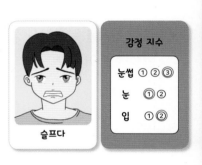

슬프다

강정 지수

눈썹	① ② ③
눈	① ②
입	① ②

두렵다

강정 지수

눈썹	① ② ③
눈	① ②
입	① ②

기쁘다

강정 지수

눈썹	① ② ③
눈	① ②
입	① ②

즐겁다

강정 지수

눈썹	① ② ③
눈	① ②
입	① ②

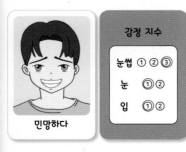

민망하다

강정 지수

눈썹	① ② ③
눈	① ②
입	① ②

놀라다

강정 지수

눈썹	① ② ③
눈	① ②
입	① ②

개념 이해하기

1 데이터에 대한 설명으로 알맞은 것을 골라 보아요.

① 상상하던 내용을 컴퓨터에 저장해 놓은 것

② 가공하지 않은 객관적인 사실을 모아 놓은 것

③ 내가 알고 있는 사실만 모인 정보

④ 내가 모르는 사실만 모인 정보

2 셀 수 없을 만큼 많은 양의 데이터를 모아 놓은 상태를 무엇이라 부르는지 골라 보아요.

① 하드디스크   ② 동영상   ③ 데이터랩   ④ 빅데이터

1. ② 2. ④

머신러닝과 딥러닝

머신러닝 (Machine Learning)은 사람이 정한 규칙에 따라 데이터를 분석하고 학습하며, 학습한 내용을 바탕으로 판단이나 예측을 하는 기술이에요.

딥러닝 (Deep Learning)은 사람이 가르치지 않아도 컴퓨터가 많은 양의 데이터를 스스로 학습하고 미래 상황을 예측할 수 있는 기술이에요.

끝으로 갔다, 처음으로 갔다!

게임 특징

- 단어 보드를 주고받으면서 그림 카드를 설명하는 문장을 완성해요.

- 데이터를 주고받으며 답을 찾는 딥러닝 방식을 이해해요.

- 새로운 그림을 그려 보고 딥러닝 방식으로 그림을 설명해요.

게임 방법

게임 준비 활동북 3   그림 카드 4장, 단어 보드 10장, 문장 보드 4장

1 인공지능은 어떻게 스스로 학습하는지 아래 **예시** 를 참고해서 이야기해 보아요.

예시

1. 인공지능은 강아지 사진을 보면 모두 강아지라고 맞힐 수 있을까요?

   모두 맞히기는 어려울 것 같아요.

2. 인공지능이 강아지 사진을 강아지라고 인식하지 못했다면 정답을 찾기 위해 어떻게 해야 할까요?

   강아지가 아니라고 생각한 결과에서부터 처음으로 가면서 어디에서 틀렸는지 확인하고 수정해요.

2 그림 카드를 섞어서 뒷면이 보이게 놓고 가위바위보로 차례를 정해요.

3 첫 번째 친구는 그림 카드 1장을 뽑아요. 그림 카드를 보고 **단어 보드 ①**에 카드를 설명하는
단어를 최대한 많이 써서 두 번째 친구에게 보내요.

단어 보드 ①
• **인물** : 친구, 빨간 목도리, 장갑
• **행동** : 눈싸움
• **배경** :
• **기타** :

4 두 번째 친구는 첫 번째 친구가 쓴 **단어 보드 ①**을 보고 떠오르는 단어를 **단어 보드 ②**에 써서
마지막 친구에게 주어요.

단어 보드 ①
• **인물** : 친구, 빨간 목도리, 장갑
• **행동** : 눈싸움
• **배경** :
• **기타** :

단어 보드 ②
• **인물** : 친구, 빨간 목도리, 장갑
• **행동** : 눈싸움
• **배경** :
• **기타** : 즐거움

게임을 하는 친구가 4명 이상이면, 첫 번째와 마지막 친구를 제외한 모든 친구들이 동시에 단어 보드 ②에
단어를 써서 마지막 친구에게 주어요.

5 마지막 친구는 **단어 보드** ②에 있는 단어만으로 그림 카드를 설명하는 문장을 **문장 보드**에 써요. 그리고 완성한 문장을 첫 번째 친구가 뽑은 그림 카드와 비교해요.

문장 보드

빨간 목도리를 하고 장갑을 낀 친구
들이 즐겁게 눈싸움을 하고 있어요.

완성한 문장에 그림 속 배경이 없고 인물이 구체적이지 않아서 문장 보드를 보고 그림 카드를 출력할 수 없어요.

6 계속해서 마지막 친구는 **단어 보드** ②에서 그림 카드를 설명하는 데 필요한 단어만 동그라미 해서 **단어 보드** ②를 쓴 친구에게 보내요. **단어 보드** ②를 쓴 친구는 동그라미가 된 단어를 보고, **단어 보드** ①에 중요하게 생각하는 단어를 동그라미 해서 **단어 보드** ①을 쓴 친구에게 주어요.

단어 보드 ①

• 인물 : 친구, 빨간 목도리, 장갑

• 행동 : 눈싸움

• 배경 :

• 기타 :

문장 보드

빨간 목도리를 하고 장갑을 낀 친구
들이 즐겁게 눈싸움을 하고 있어요.

단어 보드 ②

• 인물 : 친구, 빨간 목도리, 장갑

• 행동 : 눈싸움

• 배경 :

• 기타 : 즐거움

7 **단어 보드 ①**을 쓴 친구는 **단어 보드 ①**과 그림 카드를 보고 문장을 만드는 데 필요한 단어를 **단어 보드 ③**에 써요. **단어 보드 ②**를 쓴 친구는 **단어 보드 ③**을 보고 필요한 단어를 **단어 보드 ④** 에 써요.

단어 보드 ①

- 인물 : 친구, 빨간 목도리, 장갑
- 행동 : 눈싸움
- 배경 :
- 기타 :

단어 보드 ④

- 인물 : 빨간 목도리를 한 여자아이, 노란 장갑을 낀 남자아이
- 행동 : 눈싸움
- 배경 : 놀이터
- 기타 :

단어 보드 ③

- 인물 : 여자아이, 남자아이, 빨간 목도리, 노란 장갑
- 행동 : 눈싸움
- 배경 : 시소, 미끄럼틀, 쌓인 눈
- 기타 :

8 마지막 친구는 **단어 보드 ④**에 있는 단어로 그림을 설명하는 문장을 **문장 보드**에 다시 써요. 그리고 단어를 주고받는 과정을 반복하면서 그림을 완벽하게 설명하는 문장을 완성해요.

문장 보드

빨간 목도리를 한 여자아이와 노란 장갑을 낀 남자아이가 놀이터에서 눈싸움을 해요.

완성한 문장이 그림 속 인물의 모습과 행동, 배경을 구체적으로 포함하고 있어서 문장 보드를 보고 그림 카드를 출력할 수 있어요. 게임을 하는 모든 친구들이 만족하는 문장을 완성하면 게임을 종료해요.

스스로 생각하기

오늘 있었던 일을 그림으로 그려 보고, 친구와 그림을 설명하는 게임을 해 보아요.

개념 이해하기

문제

1 사람이 규칙에 따라 입력한 데이터를 기반으로 컴퓨터가 학습해서 답을 찾는 데이터 분류 기술은 무엇인지 빈칸에 써 보아요.

문제

2 아래 그림과 같이, 사람 두뇌의 뉴런 구조를 모방하여 컴퓨터가 답을 찾는 방식은 무엇인지 골라 보아요.

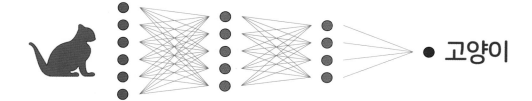

● 고양이

① 데이터   ② 빅데이터   ③ 인공 신경망   ④ 의사 결정 트리

4 빅아이디어

Concept Input

AI4K12[1]에서는 인공지능 교육의 특징을 크게 **인식, 표현 및 추론, 데이터 학습, 자연스러운 상호작용, 사회적 영향**의 다섯 가지로 구분해요.

1 AI4K12 : 미국의 초·중·고 (K-12) 인공지능 교육 지원 조직이에요.

회오리바람 속 도로시 집을 찾아 줘!

게임 특징

- 상대 카드를 유추하는 질문으로 회오리바람에 어떤 카드가 있는지 찾아요.
- 인공지능처럼 정보를 배열하고 연결해서 답을 맞혀요.
- 친구가 생각한 단어를 유추하는 스무고개 게임을 해요.

게임 방법

게임 준비 활동북 4   인물 카드 7장, 장소 카드 7장, 도구 카드 7장, 추론 카드 3장,
게임 판 2장, 색 주사위 1개, 숫자 주사위 1개, 오즈 1개, 회오리바람 1개

이야기

넓은 언덕 위에 있던 도로시의 집이 회오리바람에 날아갔어요. 집을 찾으려면 회오리바람 속 카드가 무엇인지 알아야 해요. 도로시와 친구들이 집으로 돌아갈 수 있게 도와주세요.

1 게임 판 2장을 나란히 놓아서 하나의 게임 판을 만들고 회오리바람은 접어서 게임 판 옆에 세워 놓아요. 그리고 전체 인물, 장소, 도구가 있는 추론 카드 3장을 게임 판 옆에 놓아요.

2 같은 색 카드끼리 섞은 다음 인물 카드 1장, 장소 카드 1장, 도구 카드 1장을 뽑아서 회오리
  바람 앞에 뒷면이 보이게 놓아요. 그리고 모든 친구들은 인물, 장소, 도구 카드를 각각 2장씩
  뽑아서 가져오고 남은 카드는 반으로 접어서 게임 판에 자유롭게 놓아요.

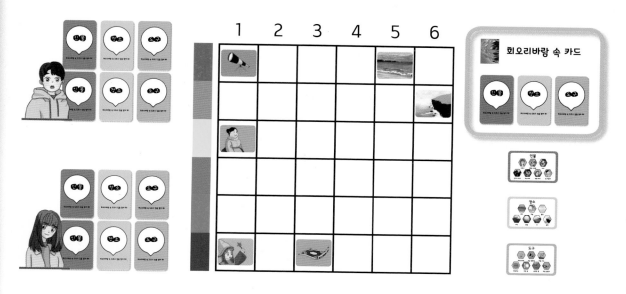

주사위를 던져서 나온 위치에 카드가 있으면, 주사위를 다시 던져서 빈 곳에 놓아요.

3 친구와 주사위를 던질 차례를 정하고 순서대로 주사위를 모두 던져서 나온 숫자와 색이 만나는
  위치에 내 인물 카드 1장을 그림이 보이게 접어 놓아요. 마지막 친구는 같은 방법으로 주사위를
  한 번 더 던져서 소원을 들어주는 마법사 '오즈'를 놓아요.

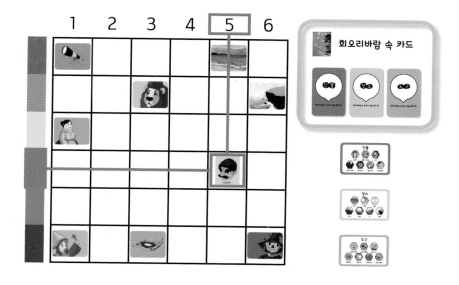

4 게임을 하는 모든 친구들이 게임 판에 인물 카드 1장을 놓으면 차례대로 첫 번째 친구부터

　방법 1　또는　**방법 2**　중 하나를 선택해서 회오리바람 속 카드를 추론해요.

방법 1

친구에게 질문하기

① 친구 1명을 선택해서 '어떤 **인물**이 어떤 **장소**에서 집으로 가는 어떤 **도구**를 찾았는지' 질문해요.

질문을 받은 친구는 질문 내용과 같은 카드가 있으면 카드를 그림이 보이게 접어서 자기 앞에 놓아요.

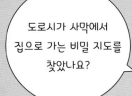

도로시가 사막에서 집으로 가는 비밀 지도를 찾았나요?

아니요. 도로시 카드는 내가 가지고 있어요.

② 질문을 한 친구는 회오리바람 카드 후보에서 다른 친구의 카드를 지우면서 회오리바람 카드 3장을 추론해요. 대답을 듣고 회오리바람 카드를 바로 맞히지 않으면 다음 친구에게 차례가 넘어가요.

회오리바람 인물 카드 후보

내 인물 카드

도로시 카드가 친구에게 있으면 회오리바람 속에는 도로시 카드가 없어요. 친구의 도로시 카드와 내 인물 카드, 게임 판에 있는 착한 마녀, 허수아비, 엠 아줌마 카드를 빼면 회오리 바람 속 인물 카드는 '**양철 나무꾼**'이에요!

내 카드 연결하기

① 내가 가진 카드 중 1장을 접어서 게임 판에 내 인물 카드와 이어지게 놓아요. 카드와 연결되는 모든 방향 중 원하는 방향에 놓을 수 있어요. 내 카드가 오즈와 이어지지 않으면 다음 친구에게 차례가 넘어가고 돌아오는 차례에 카드를 더 놓아서 오즈와 연결해요.

② 만약 내 카드를 오즈까지 연결했으면 오즈의 마법으로 회오리바람 카드 1장을 볼 수 있어요. 카드를 볼 수 있는 기회는 게임 중 한 번뿐이에요. 확인한 카드와 내 카드를 보고 회오리바람 카드 3장을 추론해요.

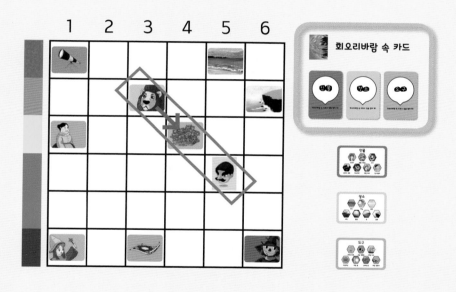

5 차례마다 두 가지 방법 중 원하는 하나를 선택해서 행동하고 카드의 정보를 모아요. 수집한 정보로 회오리바람 속 카드를 추론해서 '도로시가 집으로 가는 방법'을 찾은 친구가 승리해요.

내가 추론한 회오리바람 속 카드는 '양철 나무꾼, 동굴, 요술 망원경'이에요. 도로시는 양철 나무꾼이 동굴에서 찾은 요술 망원경으로 집에 돌아갈 수 있어요!

스스로 생각하기

좋아하는 단어를 생각하고, 친구와 단어를 유추하는 스무고개 게임을 해 보아요.

AI4K12에서 제시한 인공지능 교육에서의 5가지 빅아이디어

빅아이디어	내용
인식	컴퓨터는 센서를 이용해 세상을 인식해요.
표현 및 추론	에이전트는 세상에 대한 표현을 만들고 이를 추론에 사용해요.
학습	컴퓨터는 데이터를 통해 학습해요.
자연스러운 상호작용	지능형 에이전트[2]가 인간과 자연스럽게 상호작용하기 위해서는 많은 종류의 지식이 필요해요.
사회적 영향	인공지능은 긍정적인 방식과 부정적인 방식으로 사회에 영향을 미칠 수 있어요.

출처 K-12 Guidelines for Artificial Intelligence : What Students Should Know, David S. Touretzky, AI4K12.org/, **번역** 인공지능에 대한 K-12 지침, CT 교사연구회

2 에이전트 : 사람 대신 업무를 처리하는 지능적인 소프트웨어 또는 하드웨어로 검색엔진과 검색 로봇이 대표적이에요.

개념 이해하기

문제

1 알고 있는 정보를 이용해서 모르는 정보를 맞힌다는 뜻으로 빅아이디어 중 하나인 이것은 무엇인지 골라 보아요.

① 인식　　② 자연스러운 상호작용　　③ 추론　　④ 사회적 영향

문제

2 주비가 악당 요폰을 피해서 준이에게 쓴 암호 편지예요. 아래 힌트를 보고 암호를 추론해서 빈칸에 써 보아요.

준이에게
●♥◇☆□●●□◇♬★※◇♣●☆
2021년 4월 2일 주비가

암호 힌트		
★ = ㄴ	ㅓ = ♣	ㅐ = ※
◇ = ㄹ	ㅗ = ♬	ㅘ = ☆
● = ㅇ	ㅡ = □	
☆ = ㅊ	ㅣ = ♥	

2

교과와 인공지능

DASAN

학습 단원

인공지능과 만난 사회

Concept Input

인공지능으로 길을 찾는 방법에는 왼쪽 벽을 타고 가는 **좌수법**, 한 방향을 완벽하게 탐색하고 다른 길을 찾는 **깊이 우선 탐색** (DFS, Depth First Search), 다양한 방향으로 넓게 탐색하는 **너비 우선 탐색** (BFS, Breadth First Search)이 있어요.

내비게이션이 되어 봐!

게임 특징

- 탐색 카드의 조건에 맞춰 길을 찾아요.

- 인공지능이 정보를 탐색하는 3가지 방법을 이해해요.

- 우리나라 지도에서 가고 싶은 곳을 정해서 가장 빠른 길을 찾아요.

게임 방법

게임 준비　활동북 5　탐색 카드 6장, 지도 1장, 색 주사위 1개, 숫자 주사위 1개, 출발지 말 1개, 도착지 말 1개, 색연필

1 아래 지도에서 출발지부터 도착지까지 가는 가장 빠른 길을 찾아 선으로 그어 보아요.

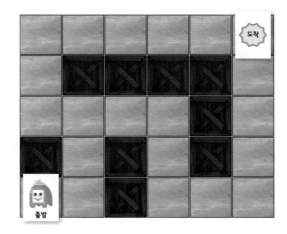

2 지도의 길이 단순하면 길을 쉽게 찾을 수 있지만, 길이 복잡하면 찾기 어려워요. 이때 인공지능을 이용하면 길을 쉽고 정확하게 찾을 수 있어요. 인공지능이 길을 찾는 방법 3가지를 그림으로 알아보아요. 그림에서 화살표는 탐색하는 길을 나타내요.

좌수법

출발지부터 왼쪽 방향으로만
길을 탐색해요.

깊이 우선 탐색

한 방향을 우선 탐색하고
길이 막히면 새로운
길을 찾아 탐색해요.

너비 우선 탐색

출발지에서 가까운 모든 방향을
탐색한 다음, 점점 먼 곳을
탐색해요.

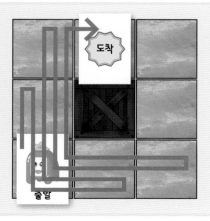

3 인공지능의 3가지 길 찾기 방법으로 출발지에서 도착지까지 가는 길을 탐색해요. 한 친구가 주사위를 모두 던져서 나온 숫자와 색이 만나는 위치에 출발지 말을 놓아요. 막힌 곳이 나오면 다시 던져요.

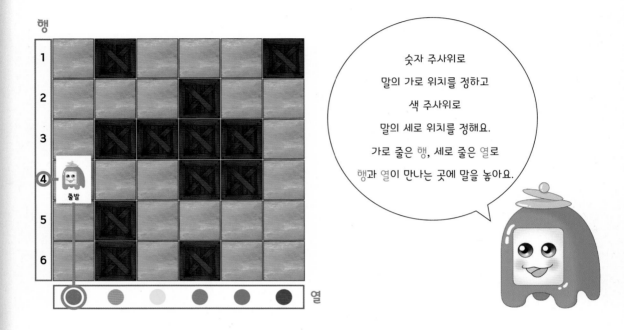

숫자 주사위로
말의 가로 위치를 정하고
색 주사위로
말의 세로 위치를 정해요.
가로 줄은 행, 세로 줄은 열로
행과 열이 만나는 곳에 말을 놓아요.

4 다른 친구가 같은 방법으로 주사위를 던져서 행과 열이 만나는 곳에 도착지 말을 놓아요.

5 탐색 카드를 섞어서 뒷면이 보이게 놓고 탐색 카드 1장을 뒤집어요. 탐색 카드의 길 찾기 방법을 보고 지도에서 길을 어떻게 탐색할지 생각해요.

좌수법

출발지부터 왼쪽 방향으로만 길을 탐색해요.

좌수법으로
길을 탐색하려면
왼쪽 벽에 손을 짚고 가듯이
길을 찾아요.

6 뒤집은 탐색 카드의 길 찾기 방법을 아는 친구는 손을 들고 출발지 말을 이동해요. 출발지 말이 장애물을 피해서 정확하게 도착하면, 출발지 말을 움직인 친구가 탐색 카드를 획득해요.

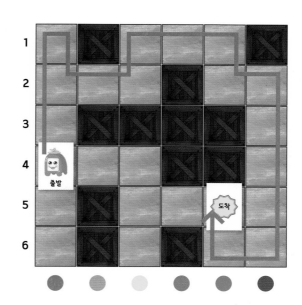

> 색 주사위는 74쪽 '내가 그린 그림을 맞혀 봐!'에서 재사용할 수 있게 제작되었어요. 주사위를 보관해 두어요.

7 다시 카드 1장을 뒤집어서 길 찾기 게임을 반복해요. 카드를 다 쓰면 게임이 끝나고 카드를 많이 가져간 친구가 승리해요. 게임이 끝나고 어떤 탐색 방법이 가장 빠른지 이야기를 나누어요.

확장

내비게이션과 인공지능

자동차 내비게이션은 출발지와 도착지를 입력하면 가장 빠른 길을 안내해요. 모르는 길도 빨리 찾아갈 수 있게 도와주는 내비게이션의 원리는 무엇일까요? 내비게이션은 머신러닝을 이용해서 컴퓨터에 최단 거리를 찾는 탐색 방법을 학습시키고 출발지와 도착지, 변수 등의 데이터를 입력 하면 새로운 알고리즘을 만들어서 길을 찾아요.

스스로 생각하기

사회과부도에 있는 우리나라 지도에서 가고 싶은 곳을 정하고, 내가 있는 곳에서 가장 빠른 길을 찾아서 아래에 그려 보아요.

개념 이해하기

1 인공지능의 길 찾기 방법 중에서 출발지로부터 왼쪽 방향으로만 길을 탐색하는 방법은 무엇인지 골라 보아요.

①

좌수법

출발지부터 왼쪽 방향으로만
길을 탐색해요.

②

깊이 우선 탐색

한 방향을 우선 탐색하고
길이 막히면 새로운
길을 찾아 탐색해요.

③

너비 우선 탐색

출발지에서 가까운 모든 방향을
탐색한 다음, 점점 먼 곳을
탐색해요.

2 출발지와 도착지를 입력하면 현재 위치를 파악해서 빠른 길을 안내하는 도구는 무엇인지 빈칸에 써 보아요.

○ 1. ① 2. 내비게이션

인공지능과 만난 국어

Concept Input

인공지능이 기사를 작성할 때는 빅데이터에서 정보를 수집하고 분석한 다음, 스스로 기사를 어떻게 작성할지 판단해서 비슷한 기사를 배열하고 새롭게 제작해요.

특종! 누가 가장 먼저?

게임 특징

- 카드에 있는 정보를 조합해서 육하원칙에 따라 기사를 완성해요.
- 인공지능이 데이터를 수집하고 정보를 추출해서 기사를 제작하는 과정을 이해해요.
- 주제를 선정하고 컴퓨터로 내용을 검색해서 기사를 작성해요.

게임 방법

게임 준비　**활동북 6**　팀 데이터 카드 9장, 경기장 데이터 카드 9장, 점수 데이터 카드 12장, 야구 경기 기사 1장, 휴대폰

1 인공지능 기자가 어떻게 기사를 쓰는지 아래　예시　를 참고해서 이야기해 보아요.

> **예시**
>
> 1. 인공지능 기자가 야구 경기 기사를 쓰려면 어떤 데이터가 필요할까요?
>
>   팀, 경기장, 점수 등이 필요해요.
>
> 2. 인공지능 기자는 데이터로 어떻게 기사를 쓸까요?
>
>   데이터를 파악해서 분류하고, 필요한 데이터를 수집해서 기사를 써요.

2 데이터 카드를 팀, 경기장, 점수 데이터로 분류해서 야구 경기 기사 옆에 놓아요. 데이터 카드를 각각 섞어 앞면이 보이게 놓고 가위바위보로 차례를 정해요.

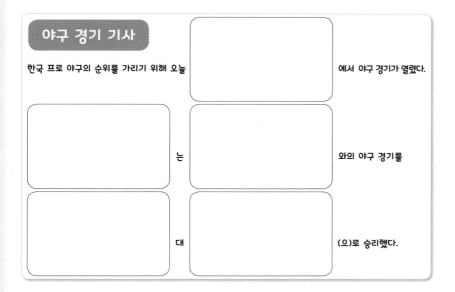

3 차례대로 첫 번째 친구가 4월 중에서 야구 경기 날짜를 말하면, 모든 친구들은 이 날짜의 경기 결과를 찾아보아요. 휴대폰 카메라로 아래 QR 코드를 촬영하면 야구 경기 결과를 알 수 있어요.

QR 코드

야구 경기 결과

날짜	시간	경기			구장	중계
04.01 (목)	18:30	기어	0 vs 9	삼송	히포스 야구장	SBC
04.02 (금)	18:30	KK	3 vs 2	MC	크로커다일스 야구장	TVC
04.03 (토)	17:00	하하	5 vs 0	두선	엔젤스 야구장	MBS
04.04 (일)	14:00	로데	4 vs 1	엘즈	라이노스 야구장	SBC
04.06 (화)	18:30	TT	8 vs 4	기어	위저드 야구장	KDS
04.07 (수)	18:30	삼송	4 vs 3	하하	유니콘스 야구장	SBC

확장

QR 코드

QR 코드는 정보를 담고 있는 사각형 무늬로, 우리가 흔히 알고 있는 바코드보다 많은 정보를 담을 수 있어요. 휴대폰 카메라로 QR 코드를 촬영하면, QR 코드에 담겨 있는 정보를 볼 수 있어서 상품 정보를 알아보거나 티켓을 인식하는 데 사용해요.

4 경기 결과를 먼저 찾은 친구가 기사 빈칸에 데이터 카드를 놓아요. 빈칸에 놓은 카드가 모두
정답이면 1점을 획득해요. 카드가 알맞지 않으면 다른 친구가 카드를 다시 놓아서 모두 정답을
맞힌 친구가 1점을 획득해요.

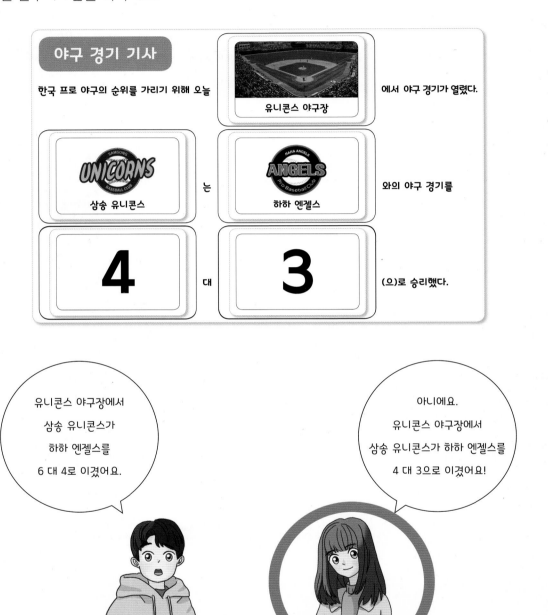

5 기사의 빈칸을 모두 채우면 완성한 기사를 읽어 보고 내용을 잘 전달하는지 이야기를 나누어요.

기사는 육하원칙을
지켜서 써야 해요.
우리가 만든 기사에 육하원칙이
모두 있는지 살펴보아요.

육하원칙

누가	삼송 유니콘스
언제	오늘
어디에서	유니콘스 야구장
무엇을	하하 엔젤스와의 야구 경기를
어떻게	4 대 3으로 승리했다
왜	한국 프로 야구의 순위를 가리기 위해

오늘 유니콘스 야구장에서 삼송 유니콘스가 한국 프로 야구의 순위를 가리기 위해 열린 하하 엔젤스와의 야구 경기를 4 대 3으로 승리했다.

6 차례대로 야구 경기 날짜를 말하면 게임이 끝나요. 획득한 점수는 아래 빈칸에 적어 놓고 게임이 끝나면 점수를 모두 더해요. 점수를 가장 많이 획득한 친구가 게임에서 승리해요.

	게임 1	게임 2	게임 3	게임 4	게임 5	게임 6	합

스스로 생각하기

야구 경기 데이터뿐만 아니라 다양한 데이터로 기사를 작성할 수 있어요. 인터넷에 궁금한 데이터를 검색해 보고 데이터를 이용해서 기사를 써 보아요.

_____ 월 _____ 일

제목 :

_____ 기자

개념 이해하기

문제

1 인공지능이 기사를 작성할 때 정보를 수집하는 곳으로, 셀 수 없을 만큼 많은 양의 데이터를 모아 놓은 상태를 무엇이라 부르는지 빈칸에 써 보아요.

문제

2 육하원칙은 기사를 쓸 때 지켜야 하는 기본 원칙이에요. 기사 내용 일부를 육하원칙 요소와 선으로 연결해 보아요.

① 2021년 3월 2일 아침 •

② 한국초등학교 정문 •

③ 학생, 학부모, 선생님 •

• ㉠ 누가

• ㉡ 언제

• ㉢ 어디에서

1. 빅데이터   2. ①-㉡, ②-㉢, ③-㉠

인공지능과 만난 수학

광학 문자인식 (OCR, Optical Character Reader)은 빛을 이용해 인쇄된 글자 뿐만 아니라 손글씨, 수식, 그림자 등 다양한 데이터의 문자를 인식해서 의미를 이해하고 결과를 찾는 방식을 컴퓨터로 실현한 기술이에요.

인공지능, 수학 문제를 풀어 줘

게임 특징

- 휴대폰 앱으로 수학 문제를 풀어요.
- 인공지능이 글자를 인식해서 질문의 결과를 추출하는 과정을 이해해요.
- 수학 문제를 게임으로 풀 수 있는 앱을 개발해요.

게임 방법

게임 준비   활동북 7   문제 풀이 판, 수학 문제집, 휴대폰

1 수학 문제집을 펼쳐서 문제를 풀어요. 모르는 문제가 있으면 문제 풀이 판에 문제를 쓰고 풀 수 있는 데까지 풀이 과정을 써요. 모르는 문제가 없으면 알아보고 싶은 문제를 골라서 풀이 과정을 써요.

수학 문제의 풀이 과정을 써 보아요.

문제 : 오늘 연극을 보러 온 사람 수를 반올림하여 십의 자리까지 나타내면 120명이에요. 이 사람들에게 풍선을 1개씩 모두 나누어 주려면 풍선을 적어도 몇 개 준비해야 할까요?

풀이 : 연극을 보러 온 사람이 120명이므로 풍선을 모두 나누어 주려면 풍선 120개를 준비해야 해요.

2 휴대폰에서 구글 플레이 또는 앱 스토어를 실행해요. 검색창에 '콴다'를 입력해서 인공지능 수학 문제 풀이 앱 '콴다'를 다운로드하고, 앱을 실행하면 나오는 화면을 따라 가입해요.

콴다 앱을 처음 실행하면 카메라를 허용하고 학교와 학년을 선택하는 초기 설정을 해야 수준에 맞는 풀이 과정과 콘텐츠를 이용할 수 있어요.

3 로그인하면 나타나는 '콴다'의 카메라로 문제 풀이 판에 쓴 수학 문제를 촬영해서 검색해요.

콴다 카메라로 촬영한 화면 안에 풀이 과정이나 다른 문제가 같이 나오면 주황색 모서리를 조절해서 원하는 문제만 나오게 범위를 설정한 다음, 아래 주황색 버튼을 눌러서 문제를 검색해요.

4 문제 검색 결과가 나오면 풀이 과정을 살펴보아요.

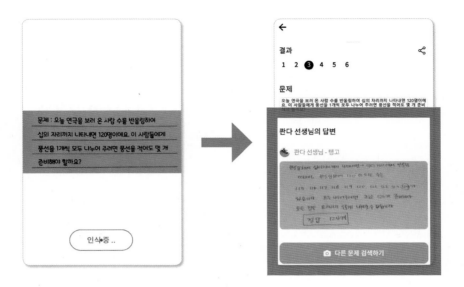

검색 결과가 없거나 다르면 콴다 선생님께 질문하기를 이용해 풀이 과정을 도움받을 수 있어요.

5 '콴다'의 풀이 과정을 내 풀이 과정과 비교해 보면서 문제를 학습해요. 그리고 도움이 필요한 수학 문제가 있을 때 앱을 활용하는 방식을 이해해요.

확장

학습에 도움을 주는 앱

'콴다'는 학생들이 휴대폰으로 수학 문제를 촬영해서 올리면, 인공지능 문자인식 기술로 문제를 푸는 방법을 알려 주는 앱이에요. '콴다'처럼 학습에 이용할 수 있는 휴대폰 앱은 무엇이 있을까요? 인공지능 타이머가 공부 시간을 측정하는 '의자왕', 모바일 알림장 '아이엠스쿨', 공부에 집중하는 시간만큼 식물이 자라는 '포레스트', 기초 영어 단어를 공부할 수 있는 '초등영어단어' 등이 있어요.

6 '콴다'가 어떻게 많은 문제 중 내가 원하는 문제를 인식하는지 분석해서 아래 빈칸에 써 보아요.

_____

_____

_____

_____

_____

_____

_____

7 '콴다'가 어떻게 문제를 인식해서 풀이 과정을 보여 주는지 아래 예시 를 참고해서 이야기해 보아요.

예시

1. 책의 문제나 문제 풀이 판에 직접 쓴 문제를 '콴다'로 촬영하면 어떤 결과가 나오나요?

   문제에 맞는 풀이 과정과 답이 나와요.

2. '콴다'는 어떻게 사람이나 책마다 다른 글자를 인식해서 문제 풀이 과정을 알려 줄까요?

   문제의 글자를 각각 하나의 데이터로 인식하고 많은 데이터로 학습한 글자 구분 기술로 글자를 파악해요.

   그리고 인식한 문제에 맞는 풀이를 찾아서 나타내요.

스스로 생각하기

수학 문제를 게임으로 풀 수 있는 수학 게임 앱을 만들어 보아요.

| 게임 명 | | 개발자 | |

게임 방법

게임 속 인공지능 개념

개념 이해하기

문제

1 컴퓨터가 사람처럼 눈으로 문자를 인식해서 의미를 이해하고 결과를 찾는 방식으로, 수학 문제나 모르는 단어를 휴대폰으로 촬영할 때 활용하는 기술은 무엇인지 골라 보아요.

① 의사 결정 트리   ② 사물 인터넷   ③ 문자인식   ④ 알고리즘

문제

2 수학 문제 풀이 앱 '콴다'는 글자를 찾고 인식하는 과정에서 인공지능의 학습 방법을 활용해요. 사람이 가르치지 않아도 많은 양의 데이터를 스스로 학습하고 미래 상황을 예측하는 인공지능 학습 방법은 무엇인지 빈칸에 써 보아요.

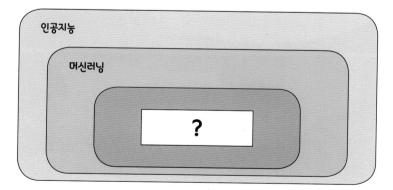

인공지능과 만난 미술

Concept Input

데이터 시각화 (Data Visualization)는 데이터의 분석 결과를 사람이 한눈에 알아볼 수 있게 인공지능이 도표와 그림의 형태로 나타내는 기술이에요.

완료 completion

내가 그린 그림을 맞혀 봐!

게임 특징

- 주사위를 던져서 나온 색 블록으로 그림을 그려요.

- 데이터 분석 결과를 한눈에 알 수 있게 표현하는 데이터 시각화를 이해해요.

- 점과 같은 픽셀로 한눈에 알아볼 수 있는 그림을 그려요.

게임 방법

게임 준비 활동북 8 색 블록 96개, 그림판 1장, 색 주사위 1개
50쪽 게임 '내비게이션이 되어 봐!'의 색 주사위를 활용해요.

1 인공지능이 데이터를 어떻게 나타내는지 아래 **예시** 로 이야기를 나누어요.

예시

1. 주사위를 던져서 나온 색으로 그림을 그리면 어떤 그림을 그리고 싶나요?

   빨간색으로 하트를 그리고 싶어요.

2. 주사위를 던져서 나온 색으로 그림판을 칠하면 어떤 색이 많은지 한눈에 알 수 있어요. 이렇게 데이터를 수치화하지 않아도 한눈에 알 수 있게 표현하는 것을 무엇이라고 할까요?

   '데이터 시각화'라고 해요.

2 각자 어떤 그림을 그릴지 생각하고 주사위를 던질 차례를 정해요. 첫 번째 친구는 주사위를 던져서 나온 색의 블록을 찾아 그림판의 원하는 칸에 놓아요.

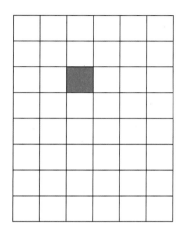

빨간색으로 하트를 만들어 볼까?

3 다음 친구도 주사위를 던져서 나온 색의 블록을 그림판의 원하는 칸에 놓아요.

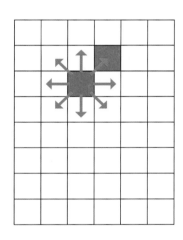

이때 그림판에 있는 색이 나온다면 그 색과 가로, 세로, 대각선 방향으로 이어진 칸에 색 블록을 놓아요.

확장

픽셀

컴퓨터 이미지를 확대하면 작은 사각형 점으로 구성되어 있는데, 이 점을 픽셀이라고 해요. 픽셀은 디지털 그림을 이루는 가장 작은 단위로 크기가 작고 많은 픽셀로 이루어질수록 이미지를 더 사실적이고 선명하게 표현할 수 있어요. 대신에 픽셀이 많을수록 컴퓨터가 처리해야 하는 정보의 크기가 커져요.

4 차례대로 색 블록을 놓으며 게임을 해요. 주사위를 던지기 전에 생각한 그림을 완성하면 손을 들어요.

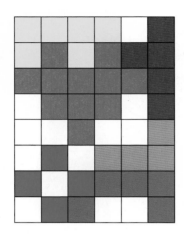

빨간색 블록을
연결해서 하트를
만들었어요.

색 블록을 놓는 위치에 따라 내 그림을 완성할 수도 있고 친구의 그림을 방해할 수도 있어요. 또 하나의 색으로 그림을 만들 수도 있고 다양한 색을 연결해서 그림을 만들 수도 있어요.

5 먼저 손을 든 친구가 그림을 설명해요. 게임을 하는 모든 친구들이 그림이 타당하다고 인정 하면 내가 만든 그림의 블록 수만큼 점수를 획득해요.

6 완성된 그림을 보고 그림판에서 어떤 색이 가장 많은지 이야기해 보아요.

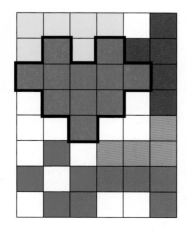

빨간색이
눈에 띄는 걸 보니
빨간색이 가장 많아요.

7 그림판에 있는 색 블록을 색상별로 세어 보고 가장 많은 색이 무엇인지 수치화해 보아요.

색상	칸 수
노란색	6칸
보라색	5칸
빨간색	11칸
주황색	4칸
파란색	4칸
초록색	5칸

그림판에서 가장 많은 색은 11칸인 빨간색이에요. 그림판은 데이터를 수치화하지 않아도, 가장 많은 데이터를 한눈에 알 수 있는 '데이터 시각화' 자료예요.

8 같은 방법으로 게임을 반복하고 획득한 점수는 아래 빈칸에 적어 놓아요. 게임이 끝나면 점수를 모두 더하고 점수를 가장 많이 획득한 친구가 게임에서 승리해요.

	게임 1	게임 2	게임 3	게임 4	게임 5	게임 6	합

인공지능과 그림

그림을 그리고 음악을 만드는 예술 분야는 인간만의 고유한 영역일까요? 인공지능은 유명한 화가의 화풍을 따라 그리기도 하고 선을 더 그리거나 채색을 해서 미완성된 그림을 완성하기도 해요. 인공지능을 활용하는 그림 사이트에 접속해서 그림을 그려 보아요.

퀵드로우 (quickdraw.withgoogle.com)
인공지능이 제시한 키워드를 20초 동안 그림으로 표현해서 인공지능을 학습시키는 드로잉 게임이에요.

오토드로우 (autodraw.com)
인공지능이 내가 그린 그림을 자동으로 완성하고 채색해 주어요.

스스로 생각하기

앞의 게임에서 활용한 사각형 모양의 점을 컴퓨터에서는 픽셀이라고 해요. 아래의 사각형을 색칠해서 픽셀 그림을 그려 보아요.

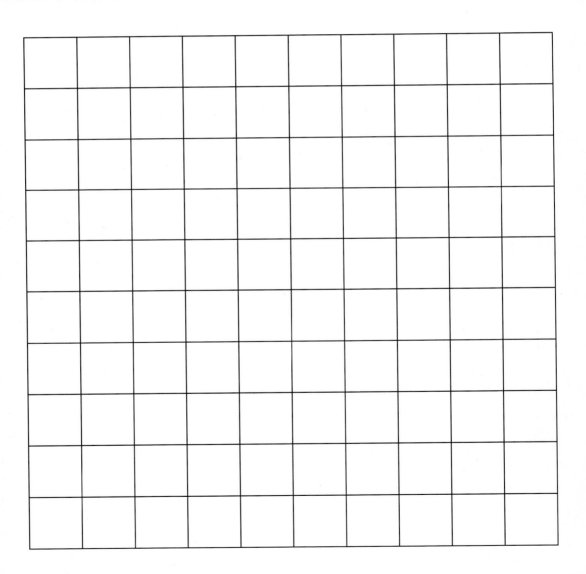

개념 이해하기

문제

1 데이터 분석 결과를 한눈에 알아볼 수 있게 시각적으로 나타내는 것으로, 아래 그림처럼 세계 인구수를 색으로 표현할 수 있는 기술은 무엇인지 빈칸에 써 보아요.

문제

2 컴퓨터 이미지를 확대하면 볼 수 있는 작은 사각형 점으로, 디지털 그림을 이루는 가장 작은 단위는 무엇인지 골라 보아요.

① 비트   ② 픽셀   ③ 나노   ④ 템포

1. 데이터 시각화   2. ②

인공지능과 만난 영어

음성인식 (Speech Recognition)은 컴퓨터가 사람의 목소리를 발음과 소리의 높낮이 등으로 분석해서 단어와 문장으로 변환하는 과정이에요.

영어로 대화하기! 나도 가능해

게임 특징

- 번역 앱을 활용해서 하고 싶은 말을 영어로 전달해요.

- 음성 신호를 디지털 신호로 변환하는 인공지능 음성인식을 이해해요.

- 하고 싶은 말을 다양한 언어로 번역해요.

게임 방법

게임 준비   활동북 9   장소 카드 6장, 휴대폰

1 장소 카드를 뒷면이 보이게 섞어 놓아요. 차례를 정해서 첫 번째 친구가 장소 카드 1장을 뽑아요.

2 장소 카드를 살펴보고 친구와 카드 속 장소에서 어떤 질문과 대답을 할지 이야기를 나누어요.

3 휴대폰에서 한국어를 영어로 바꿀 수 있는 번역 앱 '파파고'를 다운로드해요. '파파고'를 실행하고 '한국어'에서 '영어'로 번역하는지 확인해요.

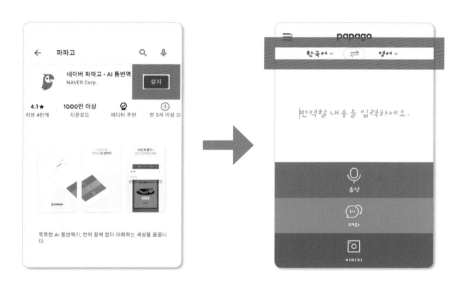

확장

인공 신경망 기계 번역

인공 신경망 기계 번역은 딥러닝을 기반으로 한 언어를 다른 언어로 바꾸는 기술이에요. 컴퓨터는 한글 문장과 이에 해당하는 영어 문장이 짝을 이룬 대량의 데이터로 스스로 공부하고, 학습이 끝나면 학습한 번역 모델을 활용해 새로운 문장을 번역해요.

4 장소 카드를 뽑은 친구가 '파파고'의 음성 단추를 누르고 앞에서 생각한 질문을 말해요. 파파고가 음성을 인식해서 알맞은 문장을 출력하면 번역 문장을 읽어 보아요.

5 스피커 단추를 눌러서 영어로 번역된 문장을 따라 해 보고 다른 친구에게 영어로 질문해요.

음성인식 원리

음성인식은 사람이 말한 문장의 발음과 소리의 높낮이를 숫자로 바꾼 다음, 인공지능에 학습시키고 음성과 이에 해당하는 텍스트가 있는 대량의 데이터가 확보되면 딥러닝으로 음성을 텍스트로 변환해서 이용해요. 음성인식은 실시간 번역, 휴대폰 비서, 내비게이션 등에 활용해요.

6 영어 질문을 들은 친구는 어떤 대답을 할지 생각해 보고 '파파고'로 번역해서 대답해요.

7 차례대로 돌아가면서 장소 카드를 1장씩 뽑고 질문과 대답을 영어로 번역해서 대화해요.

8 번역 앱이 언어를 어떻게 바꾸는지 아래 예시 를 참고해서 이야기를 나누어요.

예시

1. 번역 앱에 '밥 먹었어?'라고 말하면 어떻게 번역할까요?

   Did you eat?

2. 번역 앱에 '먹었어, 밥?'처럼 단어 순서를 바꿔서 입력하면 어떻게 번역할까요?

   번역 앱은 학습한 데이터로 상황에 맞게 문장 전체를 바꿔서 'Did you eat?'으로 번역해요.

3. 번역 앱의 원리는 무엇일까요?

   음성이나 텍스트를 데이터화하고 사전 예문, 이전 번역 문장과 비교해서 스스로 학습한 기술로 문장을 번역해요.

스스로 생각하기

번역 앱은 한국어를 다양한 언어로 번역할 수 있어요. 번역 앱을 이용해 '친구에게 하고 싶은 말'을 원하는 나라의 언어로 번역해서 아래에 써 보아요.

개념 이해하기

문제

1 컴퓨터가 사람의 목소리를 발음과 소리의 높낮이 등으로 분석해서 단어와 문장으로 변환하는 기술은 무엇인지 골라 보아요.

① 문자인식　　　② 이미지 인식　　　③지문 인식　　　④ 음성인식

문제

2 번역 앱은 한글 문장과 이에 해당하는 영어 문장이 짝을 이룬 대량의 데이터를 스스로 학습하는 '딥러닝'을 활용해요. 아래에서 '딥러닝'이 <u>않은</u> 카드를 골라 보아요.

①
음식은 사람에게 영양소를 주어요

②
컴퓨터가 사람과 함께 게임해요

③
언어를 실시간으로 번역해요

④
실시간으로 길을 찾아요

1. ④　2. ①

인공지능과 만난 과학

Concept Input

데이터를 분류하는 모양이 나무처럼 보이는 **의사 결정 트리** (Decision Tree)는 여러 개의 질문으로 수많은 데이터를 분류해서 목표에 가장 가까운 결과를 찾는 방법이에요.

분류의 전문가는 나!

게임 특징

- 질문 카드에 있는 동물의 특징에 따라 동물 카드를 분류해요.
- 인공지능이 데이터를 분류하는 의사 결정 트리의 구조를 이해해요.
- 질문을 만들어서 새로운 기준에 따라 동물을 분류해요.

게임 방법

게임 준비 활동북 10 동물 카드 12장, 질문 카드 11장

1 카드를 살펴보고 동물을 어떻게 분류할지 아래 예시 로 이야기를 나누어요.

예시

1. 고래 카드를 분류하려면 어떤 질문을 할 수 있을까요?

   '뼈가 있나요?, 아가미로 호흡하나요?, 바다에 사나요?' 등이 있어요.

2. 참새와 토끼는 어떤 질문 카드로 분류할 수 있을까요?

   참새는 알에서 태어나고 토끼는 어미의 몸에서 새끼로 태어나기 때문에 '알에서 태어나나요?' 카드로 분류할 수 있어요.

2 동물 카드는 앞면이 보이게 펼쳐 놓고, 질문 카드는 단계별로 나누어서 뒷면이 보이게 모아 놓아요.

3 차례를 정해 첫 번째 친구가 1단계 질문 카드 1장을 뒤집어서 동물 카드 아래에 놓아요.

4 질문 카드를 보고 질문에 맞게 동물 카드를 분류할 수 있으면 손을 들어요. 먼저 손을 든 친구는 동물 카드를 골라서 질문 카드 아래에 분류해 놓아요. 조건에 맞게 분류하면 1점을 획득해요.

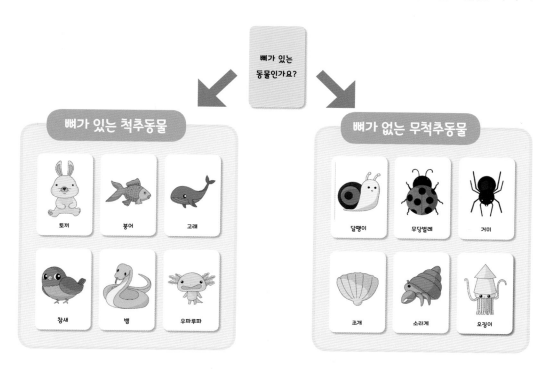

5 차례대로 다음 친구가 2단계 질문 카드 2장을 뒤집어 1단계에서 분류한 동물 카드 아래에 놓아요.

6 질문에 맞게 동물 카드를 분류할 수 있는 친구는 손을 들고, 1단계에서 분류한 동물 카드를 선택해서 2단계 질문 카드 아래에 분류해요. 조건에 맞게 분류하면 맞힌 질문 카드 수만큼 점수를 획득해요.

동물 카드를 알맞게 분류해 보고 분류가 어려운 동물은 검색해서 정답을 찾아보아요. 또 빈칸 질문 카드에 동물을 분류하는 질문을 직접 써서 게임을 할 수 있어요.

7 그다음 친구는 3단계 질문 카드 4장을 2단계에서 분류한 동물 카드 아래에 놓아요. 그리고 같은 방법으로 4단계까지 게임을 반복해요.

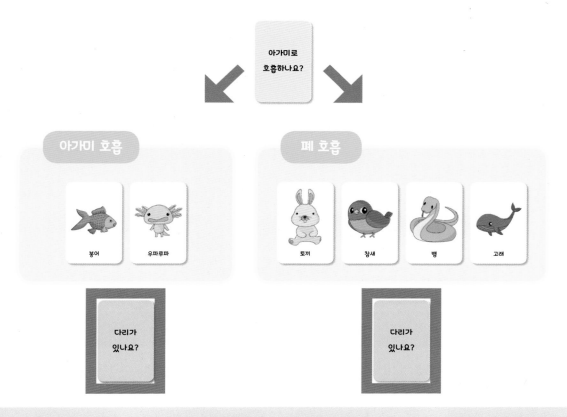

4단계 질문 카드는 동물의 특징이 세분화된 질문으로 카드가 똑같지 않아요. 따라서 동물 카드를 모두 나눌 수 있게 질문 카드를 놓아요.

8 획득한 점수는 적어 놓고 게임이 끝나면 점수를 모두 더해요. 합산한 점수가 높은 친구가 게임에서 승리해요.

확장

데이터 분류

컴퓨터는 데이터를 수집하고 가공해서 필요한 정보로 활용해요. 데이터는 구조에 따라 정형 데이터, 비정형 데이터, 반정형 데이터로 분류할 수 있어요. 정형 데이터는 성별, 요일, 날짜와 같이 표 형태로 저장할 수 있는 구조가 있어요. 비정형 데이터는 그림, 영상과 같이 정해진 구조가 없는 것으로 데이터의 특징을 뽑아서 구조화해요. 반정형 데이터는 정형 데이터처럼 완전히 구조화되어 있지는 않지만, 파일에 포함된 데이터 구조 정보가 있어서 데이터를 변환해 활용할 수 있어요.

스스로 생각하기

동물을 분류한 표를 보고, 새로운 질문을 만들어서 기준에 따라 동물을 다시 분류해 보아요.

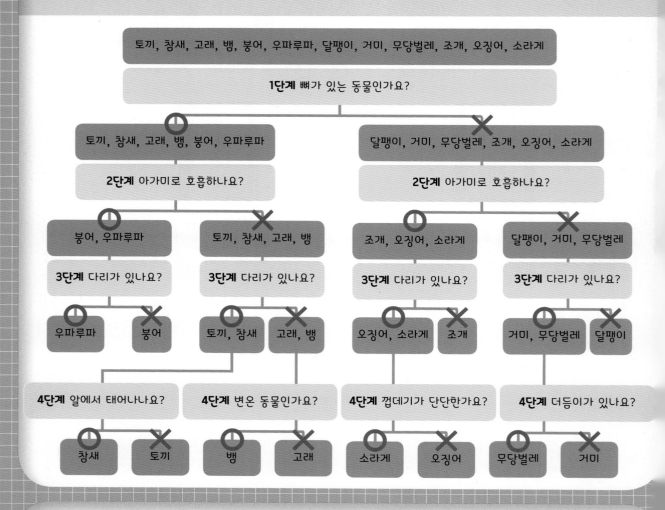

조개는 다리는 없지만 발은 있다?

조개는 단단한 껍데기로 몸을 둘러싸고 있는 연체동물이에요. 몸 전체가 물렁물렁하고 뼈와 관절이 없어서 몸을 자유롭게 늘이고 줄일 수 있지요. 조개는 뼈나 마디로 이루어진 다리에 발이 연결된 다른 동물들과 달리, 몸에 바로 근육으로 된 발이 붙어 있어요. 조개는 발로 땅을 파거나 기어 다녀요.

개념 이해하기

문제

1 아래에서 설명하는 데이터 분류 방법이 무엇인지 빈칸에 써 보아요.

- 데이터를 분류하는 모양이 나무 모습과 비슷해요.
- 여러 개의 질문으로 수많은 데이터를 분류해서 목표에 가장 가까운 결과를 찾는 방법이에요.

문제

2 동물은 뼈가 있는지 없는지에 따라 척추동물과 무척추동물로 나뉘어요. 아래 동물들을 척추 동물과 무척추동물로 분류해서 빈칸에 써 보아요.

돼지, 갈치, 문어, 새우, 말미잘, 독수리

① 척추동물 :

② 무척추동물 :

인공지능과 만난 컴퓨터

Concept Input

머신러닝 학습 방법의 하나인 **지도 학습** (Supervised Learning)은 정답이 있는 데이터를 컴퓨터에 입력하고 인공지능이 정답을 찾게 하는 학습 방법이에요.

네가 이길까, 내가 이길까?

게임 특징

- 정답 카드를 뒤집은 순서대로 학습 카드를 뒤집어요.
- 정보와 정답을 함께 학습하며 정확성을 높이는 지도 학습의 특성을 이해해요.
- 지도 학습의 특성을 이용해 새로운 게임을 만들어요.

게임 방법

게임 준비 활동북 11   정답 카드 12장, 학습 카드 12장

1 인공지능 컴퓨터가 어떻게 학습하는지 아래 **예시** 로 이야기를 나누어 보아요.

예시

1. 컴퓨터에 사과와 바나나 사진을 여러 번 학습시키면 진짜 사과와 바나나 중 사과를 찾을 수 있을까요?

   네, 컴퓨터는 사진으로 사과와 바나나의 특징을 학습한 다음, 사과와 바나나를 분류하고 인식하기
   때문에 사과를 찾을 수 있어요.

2. 인공지능은 데이터를 어떻게 학습할까요?

   답이 있는 데이터를 인식한 다음, 정답인 것과 아닌 것을 분류하거나 정답과의 연관성을 찾아 학습
   해요. 만약 답이 없는 데이터라면 비슷한 정보를 한곳으로 모아서 스스로 학습하고 답을 예측해요.

2 가위바위보를 해서 이긴 친구가 정답 카드를 뒤집는 '사람 역할'과 학습 카드를 뒤집어 정답을 맞히는 '컴퓨터 역할'을 정해요. 그리고 정답 카드와 학습 카드를 분류해서 같은 순서대로 펼쳐 놓아요.

정답 카드

학습 카드

3 그다음, 모든 카드를 뒷면이 보이게 뒤집어 놓고 사람 역할을 맡은 친구가 정답 카드 2장을 골라 순서대로 1장씩 앞면이 보이게 뒤집어요. 이때 컴퓨터 역할을 맡은 친구는 정답 카드의 종류와 순서를 기억해요.

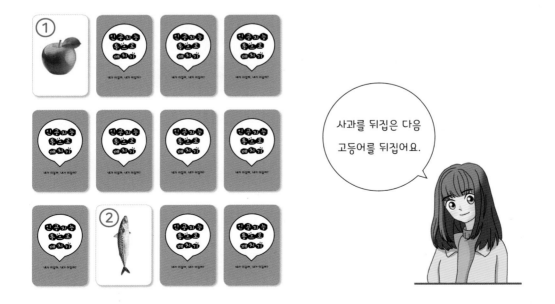

사과를 뒤집은 다음 고등어를 뒤집어요.

4 모든 카드를 다시 뒷면이 보이게 놓은 다음, 컴퓨터 역할을 맡은 친구가 방금 본 카드를 떠올리며 학습 카드를 순서대로 뒤집어요.

5 사람 역할을 맡은 친구는 앞에서 뒤집었던 순서대로 정답 카드를 다시 뒤집으면서 학습 카드와 같은지 확인해요. 정답 카드와 학습 카드가 같으면 컴퓨터 역할을 맡은 친구가 1점을 획득해요.

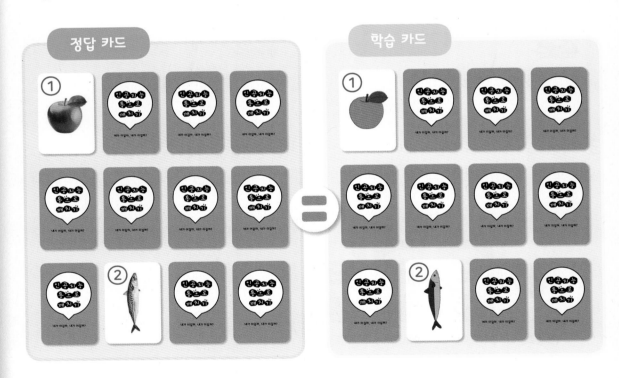

6 정답 카드와 학습 카드를 다시 뒷면이 보이게 놓고 역할을 바꿔서 정답 카드 3장을 순서대로 1장씩 뒤집어요. 컴퓨터 역할을 맡은 친구가 카드를 기억해서 똑같이 학습 카드를 뒤집으면 1점을 획득해요.

7 정답 카드와 학습 카드를 뒷면이 보이게 놓고, 뒤집는 카드를 1장씩 늘리면서 같은 방법으로 게임을 반복해요.

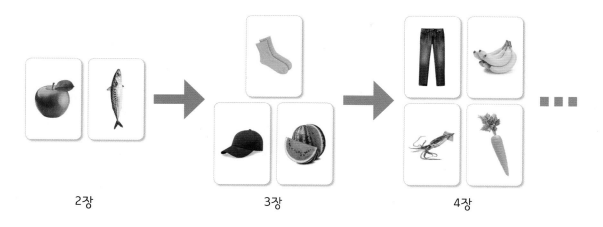

8 획득한 점수는 아래 빈칸에 적어 놓고 게임이 끝나면 점수를 모두 더해요. 합산한 점수가 높은 친구가 게임에서 승리해요.

	게임 1	게임 2	게임 3	게임 4	게임 5	게임 6	합

확장

프로그래밍과 인공지능

프로그래밍은 컴퓨터로 프로그램을 작성하는 것으로 프로그래머들이 규칙을 만들고 규칙에 따라 처리할 데이터를 입력하면 답이 출력되어요. 반면, 인공지능 머신러닝은 데이터와 예측값을 입력하면 규칙이 출력되어요. 그래서 머신러닝에 빅데이터를 넣으면 타당하고 정확한 규칙을 얻을 수 있어요.

스스로 생각하기

정답 카드와 학습 카드를 활용해서 새로운 게임을 만들어 보아요.

| 게임 명 | | 개발자 | |

게임 방법

게임 속 인공지능 개념

개념 이해하기

문제

1 사람이 컴퓨터에 정보를 입력해서 가르치면 학습한 결과에 따라 컴퓨터가 새로운 내용을 예측하는 머신러닝이 쓰이지 <u>않은</u> 상황을 골라 보아요.

① 주비는 음악 앱이 추천하는 노래를 들어요.

② 준이는 준이가 모르는 문제를 출제하는 앱으로 수학을 학습해요.

③ 엄마는 집 구조를 이해하는 로봇 청소기로 청소를 해요.

④ 아빠는 빨래를 종류별로 나누어 접어 놓아요.

문제

2 정답이 있는 데이터를 컴퓨터에 입력하고 인공지능이 정답을 찾게 하는 학습 방법은 무엇인지 골라 보아요.

① 지도 학습   ② 비지도 학습   ③ 강화 학습   ④ 딥러닝

1. ④ 2. ①

인공지능과 만난 진로

인공지능 기술은 우리가 알고 있는 직업에 직간접적인 영향을 주고 있어요. **인공지능 기술이 주는 긍정적인 모습뿐만 아니라, 부정적인 모습까지 알아보는 일**은 인공지능을 사용하는 우리에게 중요한 활동이에요.

인공지능이 직업 안에 쏙!

게임 특징

- 직업 카드를 보고 인공지능이 주는 긍정적인 영향과 부정적인 영향을 생각해요.
- 인공지능의 발달이 직업에 미치는 영향을 이해해요.
- 새롭게 생길 직업을 상상하고 인공지능이 주는 영향을 생각해요.

게임 방법

게임 준비 활동북 12   직업 카드 6장, 인공지능 카드 6장, 게임 판 1장

1 직업 카드와 인공지능 카드를 분류해서 뒷면이 보이게 놓아요. 그리고 가위바위보를 해서 이긴 친구가 직업 카드 1장을 뒤집어 게임 판의 직업 카드 칸에 놓아요.

2 직업 카드를 보고 카드 속 사람이 주로 어떤 일을 하는지 이야기를 나누어요.

카드 속 직업은 어떤 일을 할까요?

운전기사

운전기사는 사람들을 차에 태워서 목적지에 데려다주어요.

3 직업 카드를 놓지 않은 친구가 인공지능 카드 1장을 뒤집어 게임 판의 인공지능 카드 칸에 놓아요.

인공지능이 직업에 미치는 영향

운전기사

긍정적인 영향

부정적인 영향

자율 주행

확장

직업 정보 누리집

커리어넷 (http://www.career.go.kr)

다양한 직업 정보를 검색할 수 있고, 전문가들에게 나의 진로 고민을 상담할 수 있어요.

사이버진로교육센터 (http://work.go.kr)

직업심리검사를 하고 직업 교육을 받을 수 있어요.

4 게임 판을 보고 인공지능 카드가 직업 카드에 미치는 영향을 말할 수 있으면 손을 들어요.

5 먼저 손을 든 친구가 인공지능 카드가 직업 카드에 미치는 [긍정적인 영향] 과 [부정적인 영향] 을 말해요.

6 인공지능 카드가 직업 카드에 미치는 영향을 올바르게 설명하면 인공지능 카드를 획득해요. 직업 카드와 설명하지 못한 인공지능 카드는 한쪽에 모아 두어요.

친구가 인공지능 카드가 직업 카드에 미치는 영향을 올바르게 설명하는지 파악하기 어려우면 직업과 인공지능을 인터넷에 검색해 보아요.

7 같은 방법으로 게임을 반복해서 직업 카드를 다 쓰면 게임을 종료해요. 이때 인공지능 카드를 가장 많이 가진 친구가 승리해요.

8 인공지능 카드를 다시 살펴보고 인공지능의 발달로 새롭게 생길 수 있는 직업을 이야기해 보아요.

자율 주행

자율 주행 자동차가 늘어나면 안전하게 달릴 수 있는 신호 체계가 필요해요. 그래서 교통 체계 전문가와 지리 정보 전문가가 생길 수 있어요.

> **확장**
>
> ### 인공지능과 직업
>
> 4차 산업 혁명 시대에는 인공지능과 첨단 기술의 발달로 사라지는 직업과 새로 생기는 직업이 있어요. 인공지능의 수요가 늘고 있어서 인공지능을 개발하고 관리하는 직업과 인공지능에 필수적인 데이터를 취급하는 전문가는 계속 생겨나고 증가할 거예요. 하지만 제조업을 하는 공장 노동자나 보험사, 회계사 등 인공지능이 대체 가능한 직업은 사라질 수 있어요. 한국고용정보원에 따르면 미래 유망 직업에는 빅데이터 전문가, 사물 인터넷 전문가, 드론 전문가, 정보 보안 전문가, 로봇 공학자, 소프트웨어 개발자 등이 있어요.

스스로 생각하기

인공지능의 발달이 직업에 미치는 영향을 아래에서 살펴보아요. 그리고 앞에서 생각해 보았던 미래에 새롭게 생길 직업은 인공지능과 어떤 관계가 있을지 이야기해 보아요.

운전기사

'이미지 인식' 기술로 도로 위에 자동차와 보행자를 인식할 수 있어요. 하지만 잘못된 정보일 경우 큰 사고로 이어질 수 있어요.

의사

'데이터 시각화' 기술로 특정 질병의 환자가 어느 나이, 어느 국가에 많이 분포하는지 한눈에 알 수 있어요. 하지만 잘못된 일반화와 환자 정보 유출의 위험이 있어요.

교사

'실시간 번역' 기술로 외국인 학생도 같이 가르칠 수 있어요. 하지만 외국어 과목을 가르치는 교사는 그 의미와 일자리를 잃을 수 있어요.

경찰관

'자율 주행' 기술로 범죄자를 쉽고 빠르게 송치할 수 있어요. 하지만 감독하는 사람이 없으면 범죄자가 탈출해 시민이 위험해질 수 있어요.

판매원

'챗봇' 기술로 고객 문의에 바로 대응하고 이벤트와 필요한 상품을 안내할 수 있어요. 하지만 무분별한 광고와 잘못된 정보로 고객의 신뢰를 잃을 수 있어요.

소방관

'자동화 로봇' 기술로 위험한 화재 상황에 소방관 대신 불을 끌 수 있어요. 하지만 돌발 상황이 발생할 경우 사람을 구하지 못할 수 있어요.

개념 이해하기

문제

1 인터넷으로 다양한 직업 정보를 검색할 수 있고, 전문가들에게 나의 진로 고민을 상담할 수 있는 누리집을 골라 보아요.

① 퀵드로우 　　② 오토드로우 　　③ 커리어넷 　　④ 국립중앙청소년디딤센터

문제

2 아래에서 설명하는 인공지능 기술은 무엇인지 골라 보아요.

- 자동차가 스스로 주변 환경과 차량 상태를 인식, 판단, 제어해서 목적지까지 움직이는 인공지능 기술이에요.
- 운전기사의 예기치 못한 사고를 막아 주고, 운전을 보조해 줄 수 있어요.
- 이 기술의 발달로 운전기사의 일자리가 줄어들 수 있어요.

① 데이터 시각화 　　② 실시간 번역 　　③ 챗봇 　　④ 자율 주행

1. ③　2. ④

인공지능 통으로 깨치기 활동북

게임 시작하기

활동북 차례

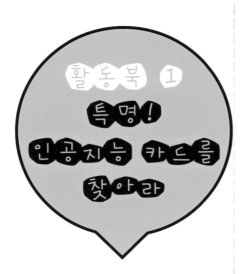

활동북 ① 특명! 인공지능 카드를 찾아라

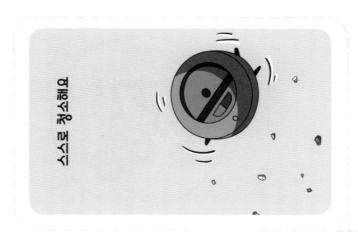

스스로 청소해요

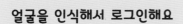

얼굴을 인식해서 로그인해요

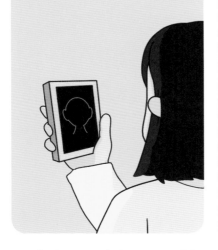

상황에 맞게 대답해요

음악을 골라서 재생해줘요

실시간으로 길을 찾아요

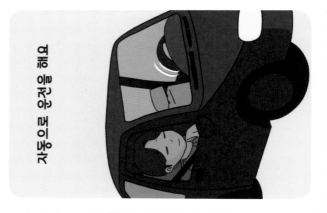

자동으로 운전을 해요

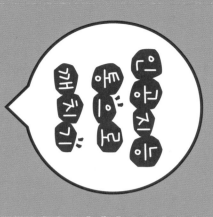

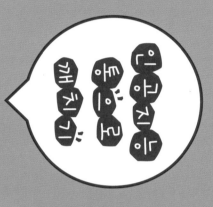

인공지능 통으로 깨치기
특명! 인공지능 카드를 찾아라

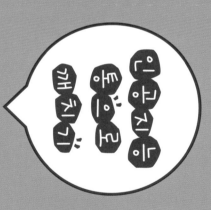

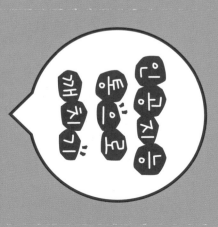

특명! 인공지능 카드를 찾아라

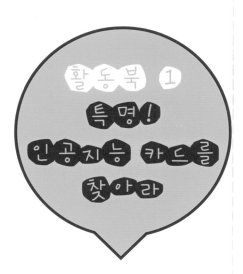

활동북 ①
특명!
인공지능 카드를
찾아라

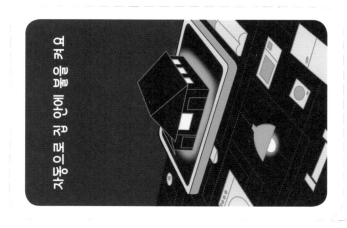

사진으로 찍은 것을 글로 읽어요

수준에 맞는 문제를 추천해요

어떤 일정을 정할지 추천해 주어요

컴퓨터가 사람과 바둑을 겨루어요

형량을 예측해요

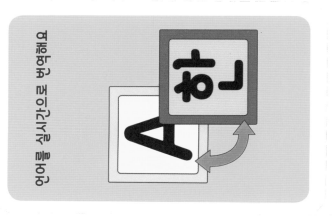

외국어를 자연스럽게 번역해요

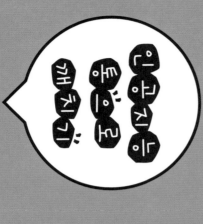

특명! 인공지능 카드를 찾아라

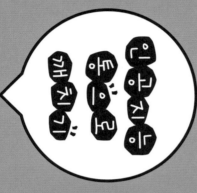

특명! 인공지능 카드를 찾아라

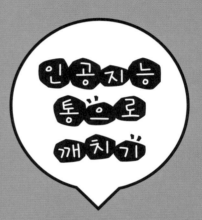

특명! 인공지능 카드를 찾아라

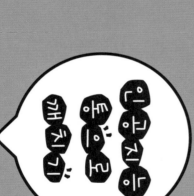

특명! 인공지능 카드를 찾아라

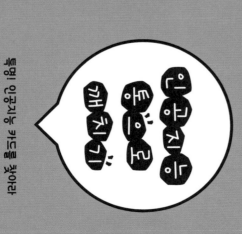

특명! 인공지능 카드를 찾아라

특명! 인공지능 카드를 찾아라

활동북 ①
특명!
인공지능 카드를
찾아라

주전자에 물이 끓어요

횡단보도 신호등이 바뀌어요

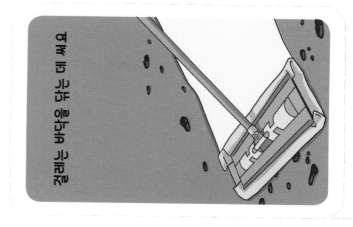

걸레는 바닥을 닦는 데 써요

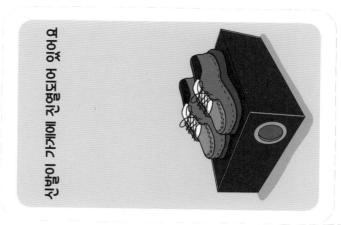

신발은 가게에서 가격을 흥정해요

음식은 사람에게 영양소를 주어요

책은 지식을 찾을 때 봐요

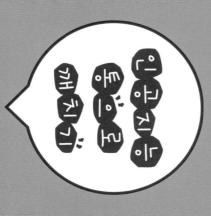

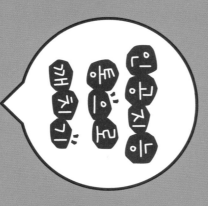

인공지능 통으로 깨치기

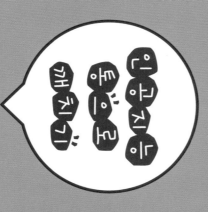

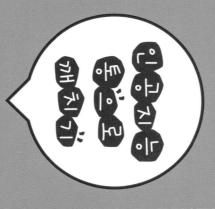

활동북 ❷
너의 기분을
알고 싶어

짜증 나다

즐겁다

민망하다

화나다

놀라다

슬프다

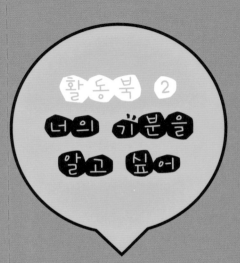

감정 지수

눈썹	①	②	③
눈		①	②
입		①	②

감정 지수

눈썹	①	②	③
눈		①	②
입		①	②

감정 지수

눈썹	①	②	③
눈		①	②
입		①	②

감정 지수

눈썹	①	②	③
눈		①	②
입		①	②

감정 지수

눈썹	①	②	③
눈		①	②
입		①	②

감정 지수

눈썹	①	②	③
눈		①	②
입		①	②

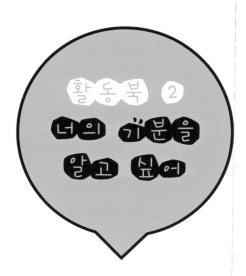

기뻐다

화났다

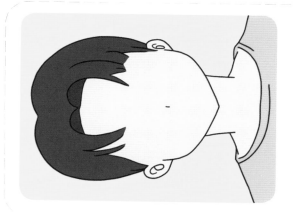

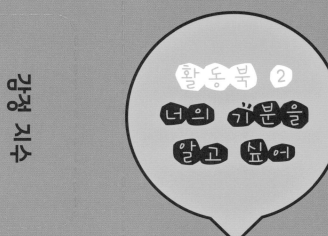

활동북 2
너의 기분을 알고 싶어

감정 지수

눈썹 ① ② ③

눈 ① ②

입 ① ②

감정 지수

눈썹 ① ② ③

눈 ① ②

입 ① ②

감정 지수

눈썹 ① ② ③
눈 ① ②
입 ① ②

감정 지수

눈썹 ① ② ③
눈 ① ②
입 ① ②

감정 지수

눈썹 ① ② ③
눈 ① ②
입 ① ②

감정 지수

눈썹 ① ② ③
눈 ① ②
입 ① ②

활동북 3

끝으로 갔다,
처음으로 갔다!

디귿 학습

디귿 학습

끝으로 갔다, 처음으로 갔다!

끝으로 갔다, 처음으로 갔다!

끝으로 갔다, 처음으로 갔다!

명찰 보드

명찰 보드

활동북 3

끝으로 갔다, 처음으로 갔다!

단어 보드 ①

- 인물 :

- 행동 :

- 배경 :

- 기타 :

단어 보드 ①

- 인물 :

- 행동 :

- 배경 :

- 기타 :

문장 보드

문장 보드

단어 보드 ②

- 인물 :

- 행동 :

- 배경 :

- 기타 :

단어 보드 ②

- 인물 :

- 행동 :

- 배경 :

- 기타 :

단어 보드 ①

- 인물 :

- 행동 :

- 배경 :

- 기타 :

활동북 ③

끝으로 갔다,
처음으로 갔다!

단어 보드 ①

- 인물 :

- 행동 :

- 배경 :

- 기타 :

단어 보드 ②

- 인물 :

- 행동 :

- 배경 :

- 기타 :

문장 보드

단어 보드 ②

- 인물 :

- 행동 :

- 배경 :

- 기타 :

문장 보드

활동북 ③

끝으로 갔다,
처음으로 갔다!

단어 보드 ③

- 인물 :

- 행동 :

- 배경 :

- 기타 :

단어 보드 ③

- 인물 :

- 행동 :

- 배경 :

- 기타 :

단어 보드 ③

- 인물 :

- 행동 :

- 배경 :

- 기타 :

단어 보드 ④

- 인물 :

- 행동 :

- 배경 :

- 기타 :

④ 단어 보드

- 인물 :

- 행동 :

- 배경 :

- 기타 :

④ 단어 보드

- 인물 :

- 행동 :

- 배경 :

- 기타 :

활동북 ③

끝으로 갔다,
처음으로 갔다!

단어 보드 ③

- 인물 :

- 행동 :

- 배경 :

- 기타 :

단어 보드 ③

- 인물 :

- 행동 :

- 배경 :

- 기타 :

단어 보드 ③

- 인물 :

- 행동 :

- 배경 :

- 기타 :

단어 보드 ④

- 인물 :

- 행동 :

- 배경 :

- 기타 :

단어 보드 ④

- 인물 :

- 행동 :

- 배경 :

- 기타 :

단어 보드 ④

- 인물 :

- 행동 :

- 배경 :

- 기타 :

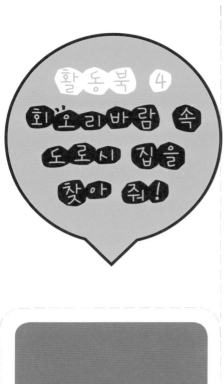

활동북 4

회오리바람 속 도로시 집을 찾아 줘!

허수아비

강아지 토토

도로시

양철 나무꾼

사자

착한 마녀

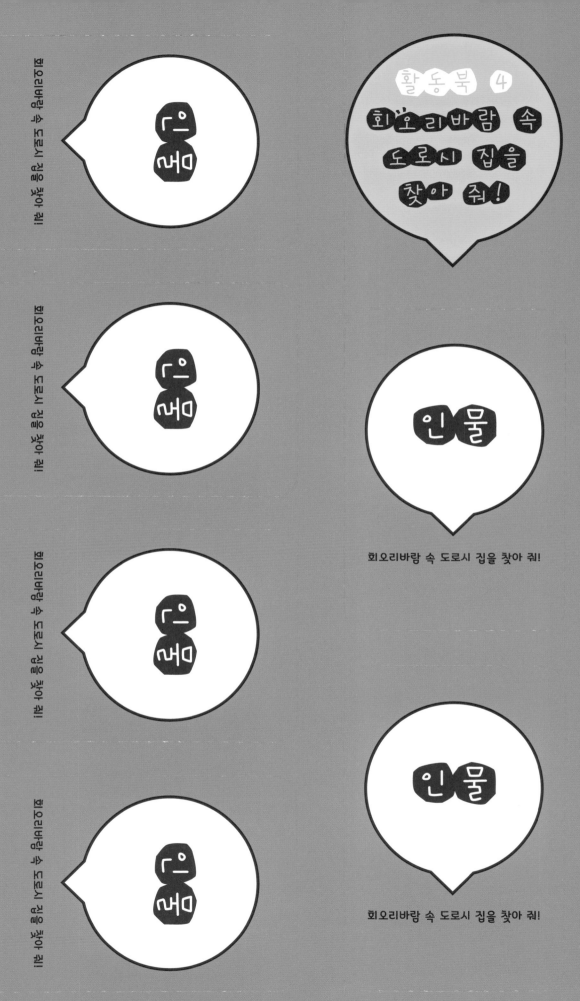

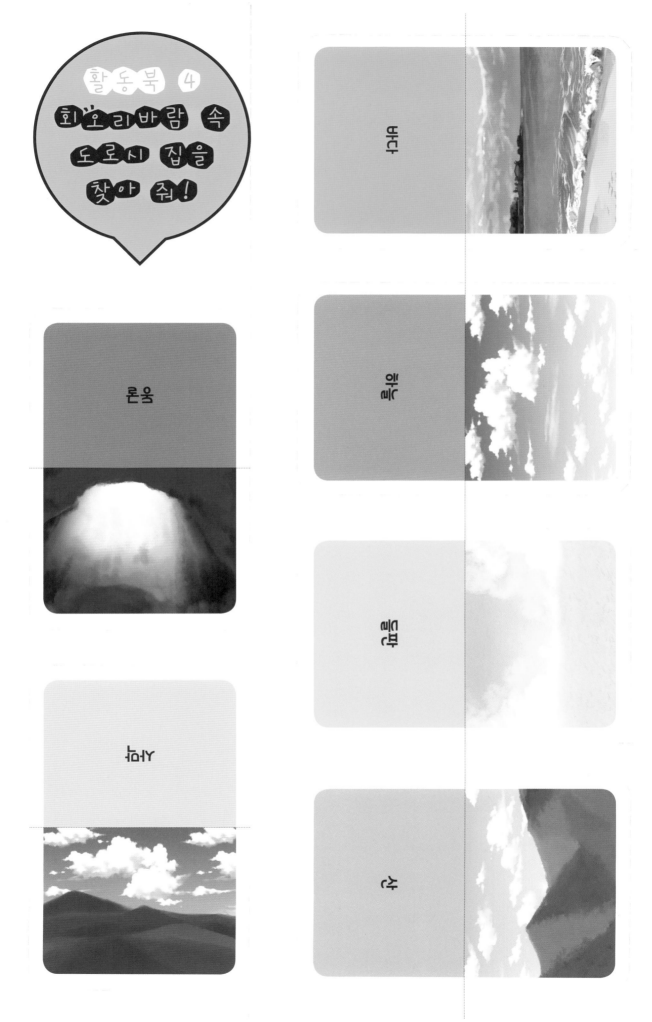

활동북 4

회오리바람 속 도로시 집을 찾아 줘!

바다

하늘

구름

산

구름

사막

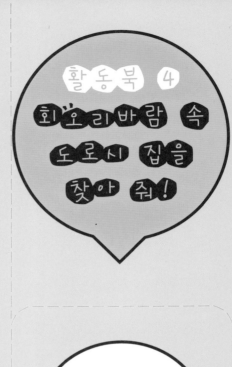

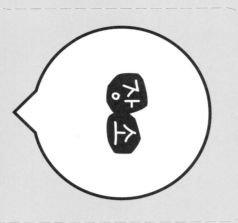

회오리바람 속 도로시 집을 찾아 줘!

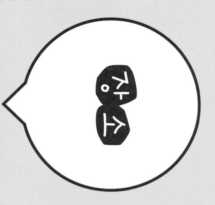

회오리바람 속 도로시 집을 찾아 줘!

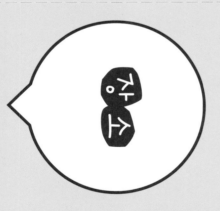

회오리바람 속 도로시 집을 찾아 줘!

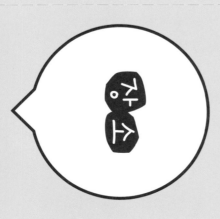

회오리바람 속 도로시 집을 찾아 줘!

회오리바람 속 도로시 집을 찾아 줘!

회오리바람 속 도로시 집을 찾아 줘!

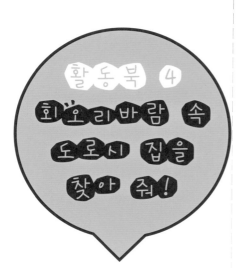

활동북 ④

회오리바람 속
도로시 집을
찾아 줘!

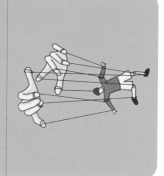

마리오네트

사람의 마음을
움직일 수 있어요.

요술 망원경

궁금한 장소를 볼 수 있어요.

비밀 지도

집으로 가는 길을
알 수 있어요.

마법의 문

원하는 곳으로 갈 수 있어요.

신비한 꽃

소원을 들어주는 꽃이에요.

타이머

시간을 이동할 수 있어요.

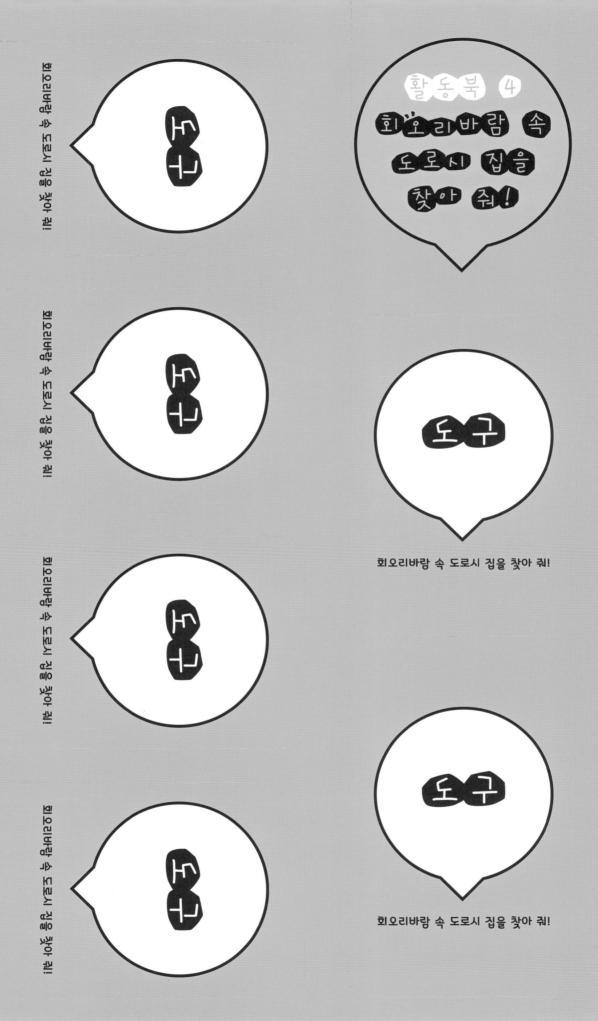

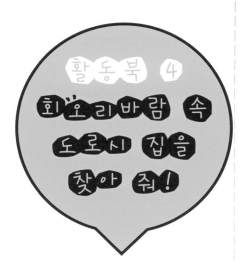

활동북 ④
회오리바람 속
도로시 집을
찾아 줘!

절벽

엠 아줌마

마법 양탄자

기구 상단 손잡이를
당기면 날 수 있어요.

인물

도로시

양철 나무꾼

사자

강아지 토토

허수아비

착한 마녀

엠 아줌마

장소

바다

하늘

들판

사막

동굴

산

절벽

도구

마리오네트

요술 망원경

비밀 지도

타임머신

마법 문

신비한 꽃

마법 양탄자

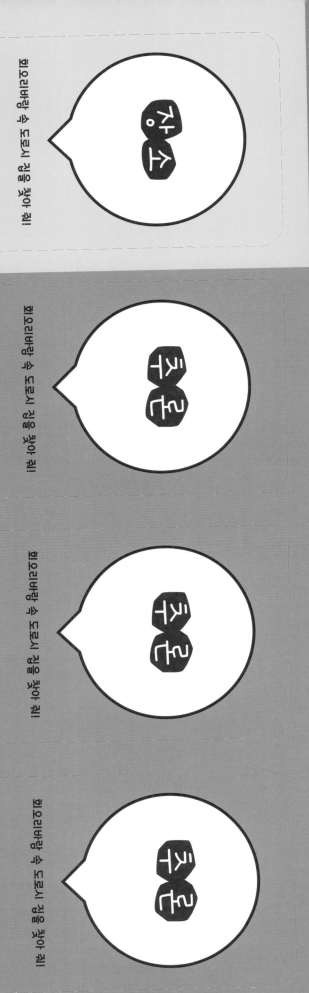
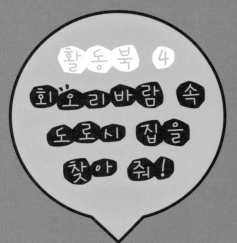

	1	2	3

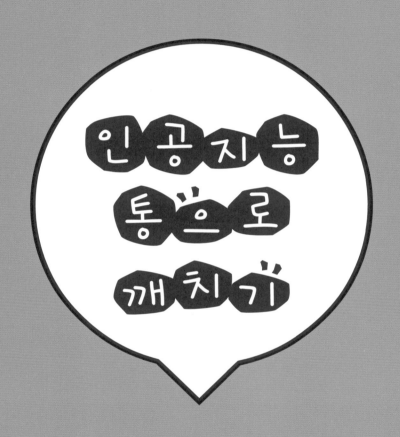

인공지능 통으로 깨치기

회오리바람 속 도로시 집을 찾아 줘!

4 5 6

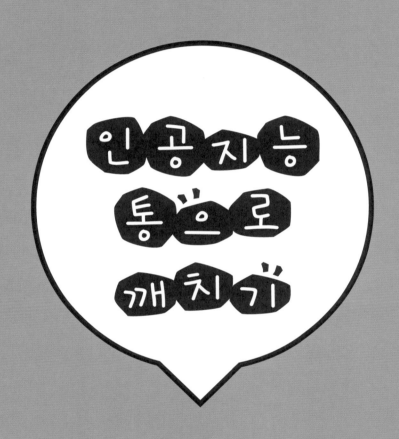

회오리바람 속 도로시 집을 찾아 줘!

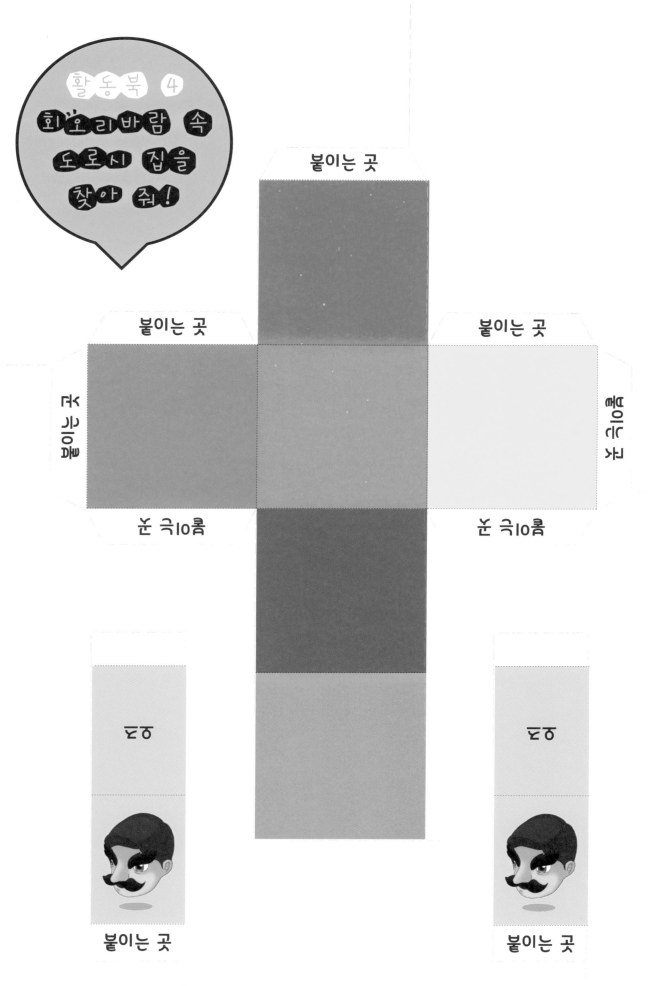

회오리바람 속 도로시 집을 찾아 줘!

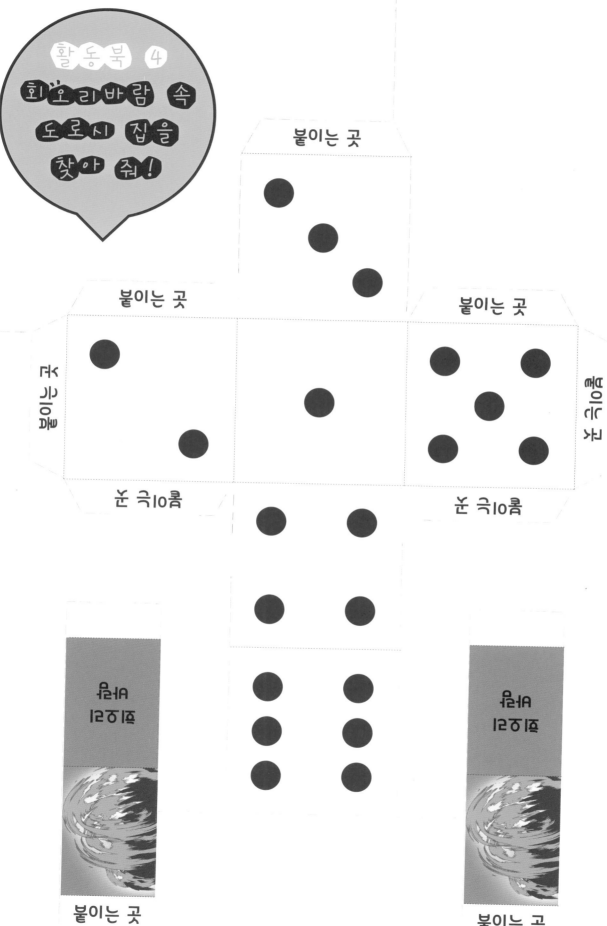

회오리바람 속 도로시 집을 찾아 줘!

활동북 5
내비게이션이 되어 봐!

좌수법

출발지부터 왼쪽 방향으로만 길을 탐색해요.

좌수법

출발지부터 왼쪽 방향으로만 길을 탐색해요.

너비 우선 탐색

출발지에서 가까운 모든 방향을 탐색한 다음, 점점 먼 곳을 탐색해요.

깊이 우선 탐색

한 방향으로 쭉 이어진 길이 막히면 다시 되돌아 나와서 탐색해요.

너비 우선 탐색

출발지에서 가까운 모든 방향을 탐색한 다음, 점점 먼 곳을 탐색해요.

깊이 우선 탐색

한 방향으로 쭉 이어진 길이 막히면 다시 되돌아 나와서 탐색해요.

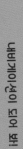

깨치기
통으로
인공지능

내비게이션이 되어 봐!

활동북 ⑤
내비게이션이
되어 봐!

깨치기
통으로
인공지능

내비게이션이 되어 봐!

인공지능
통으로
깨치기

내비게이션이 되어 봐!

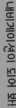

깨치기
통으로
인공지능

내비게이션이 되어 봐!

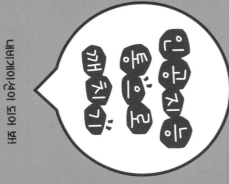

깨치기
통으로
인공지능

내비게이션이 되어 봐!

인공지능
통으로
깨치기

내비게이션이 되어 봐!

활동북 5
내비게이션이
되어 봐!

1

2

3

4

5

6

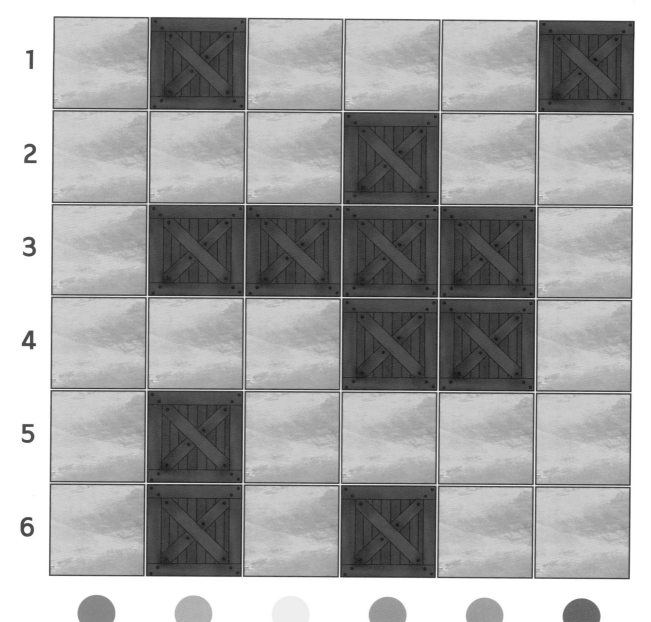

내비게이션이 되어 봐!

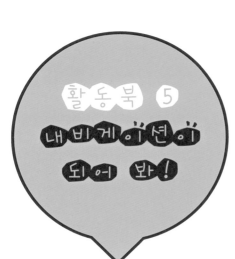

활동북 ⑤
내 비게이션이
되어 봐!

붙이는 곳

붙이는 곳

붙이는 곳

붙이는 곳

붙이는 곳

붙이는 곳

붙이는 곳

붙이는 곳

도착

출발

도착

출발

붙이는 곳

붙이는 곳

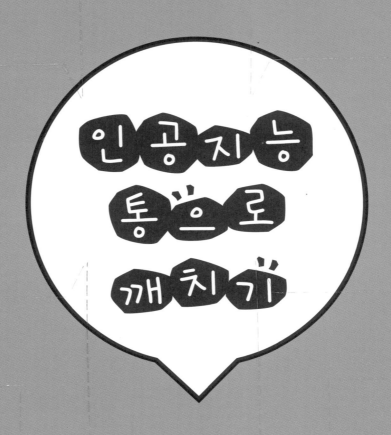

내비게이션이 되어 봐!

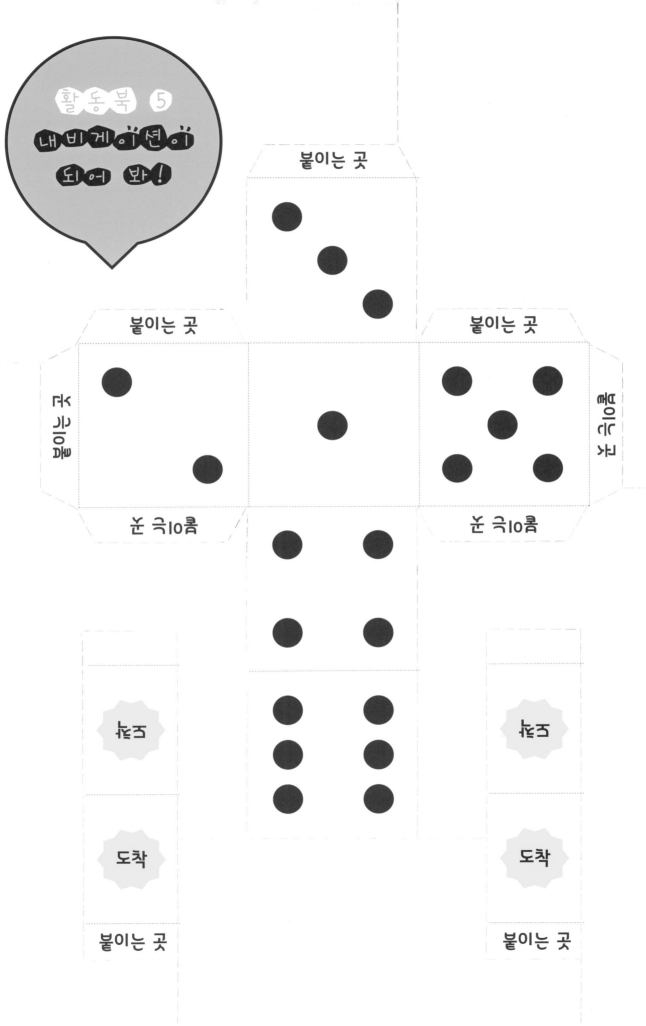

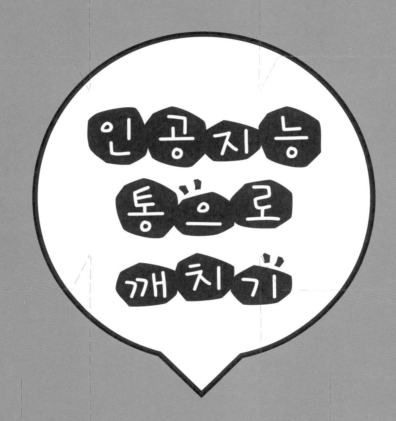

인공지능
통으로
깨치기

내비게이션이 되어 봐!

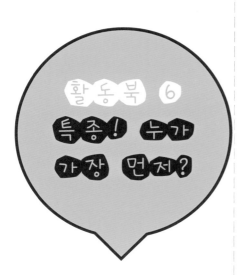

활동북 6
특종! 누가
가장 먼저?

KK 크로커다일스

MC 드래곤스

두산 불스

TT 위저드

롯데 라이노스

기어 히포스

특종! 누가 가장 먼저?

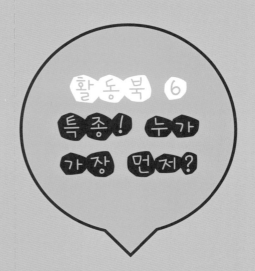

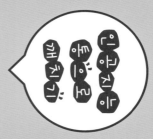

특종! 누가 가장 먼저?

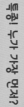

특종! 누가 가장 먼저?

활동북 6
특종! 누가
가장 먼저?

삼송 유니콘스

잠실 야구장

엘즈 호크스

하하 엔젤스

히포스 야구장

유니콘스 야구장

특종! 누가 가장 먼저?

특종! 누가 가장 먼저?

특종! 누가 가장 먼저?

특종! 누가 가장 먼저?

특종! 누가 가장 먼저?

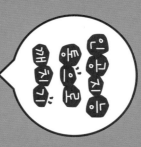

특종! 누가 가장 먼저?

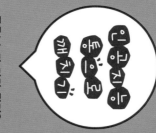

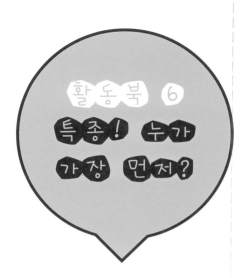

활동북 6
특종! 누가
가장 먼저?

호크스 야구장

트라이던스 야구장

위저드 야구장

엔젤스 야구장

라이온스 야구장

드래곤스 야구장

특종! 누가 가장 먼저?

특종! 누가 가장 먼저?

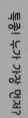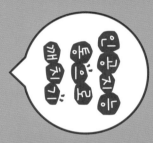

특종! 누가 가장 먼저?

특종! 누가 가장 먼저?

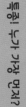

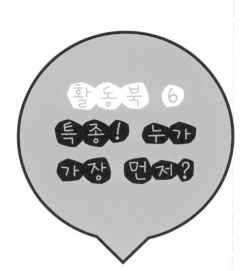

활동북 6

특종! 누가
가장 먼저?

0

4

1

2

5

3

특종! 누가 가장 먼저?

특종! 누가 가장 먼저?

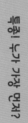 

특종! 누가 가장 먼저?

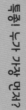 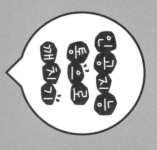

특종! 누가 가장 먼저?

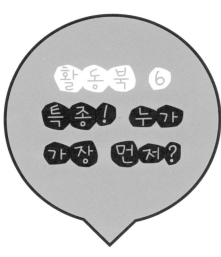

활동북 6

특종! 누가 가장 먼저?

6

1

7

8

2

9

특종! 누가 가장 먼저?

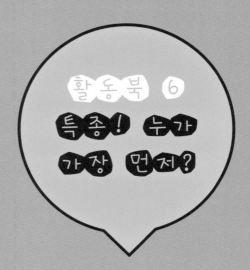

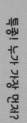 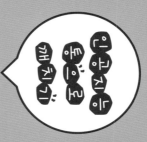

특종! 누가 가장 먼저?

 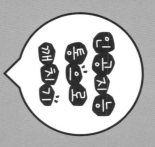

특종! 누가 가장 먼저?

특종! 누가 가장 먼저?

야구 경기 단서

에서 야구 경기가 열렸다.

와의 야구 경기를

(으)로 승리했다.

한 표로 야구의 순위를 가리기 위해 두 ○○ 들

끼리

대

특히 누가 가장 먼저?

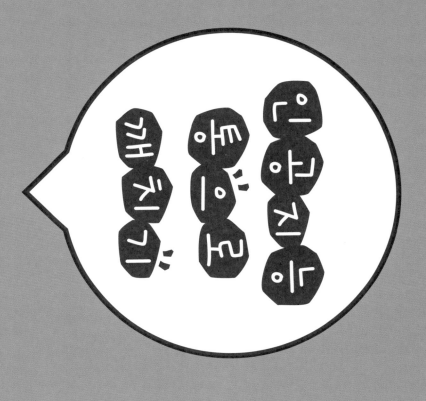

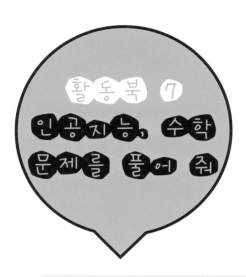

활동북 ⑦

인공지능, 수학 문제를 풀어 줘

수학 문제의 풀이 과정을 써 보아요.

_____

_____

_____

_____

_____

_____

_____

_____

_____

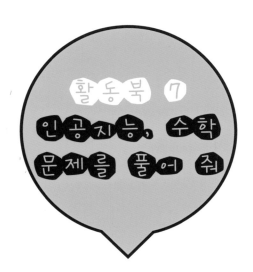

활동북 7

인공지능, 수학
문제를 풀어 줘

수학 문제의 풀이 과정을 써 보아요.

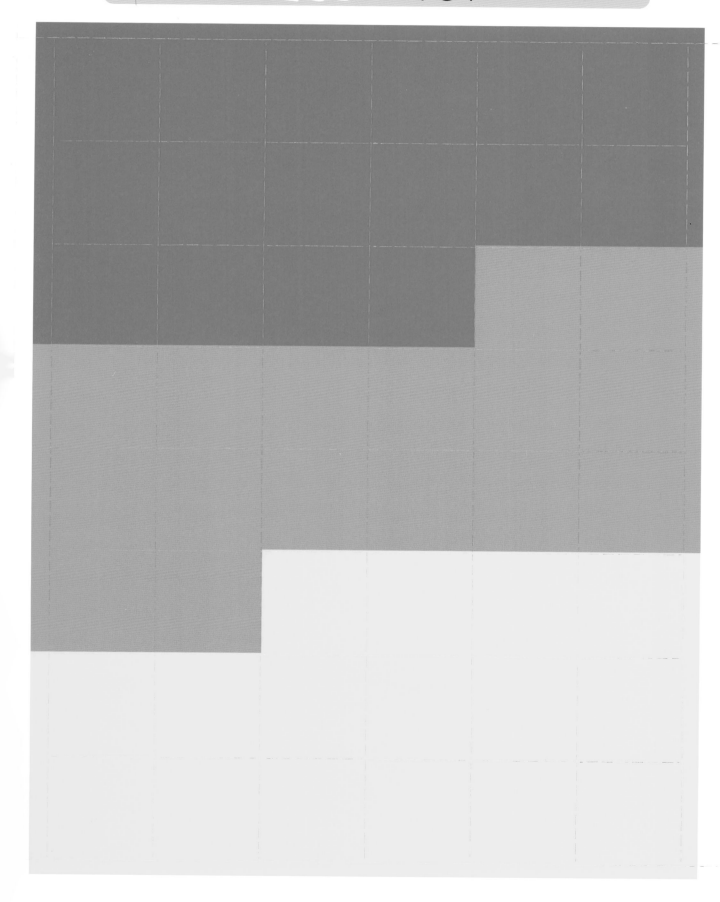

내가 그린 그림을 맞혀 봐!

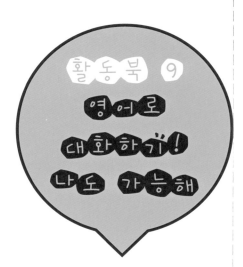

영어로 대화하기! 나도 가능해

활동북 9

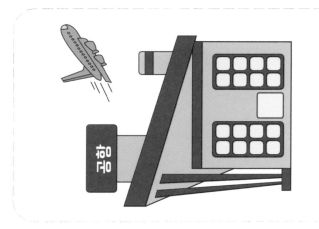

공항

슈퍼마켓

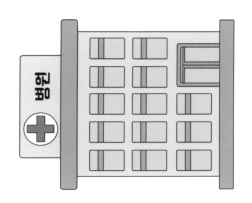

병원

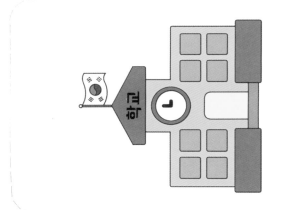

학교

음식점

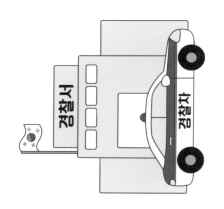

경찰서 / 경찰차

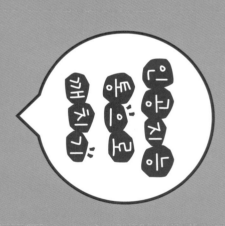

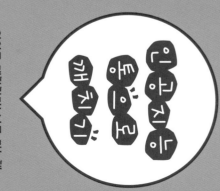

영어로 대화하기! 나도 가능해

영어로 대화하기! 나도 가능해

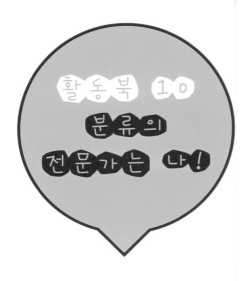

활동북 10

분류의
전문가는 나!

달팽이

무당벌레

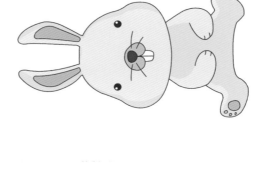

토끼

금붕어

참새

거미

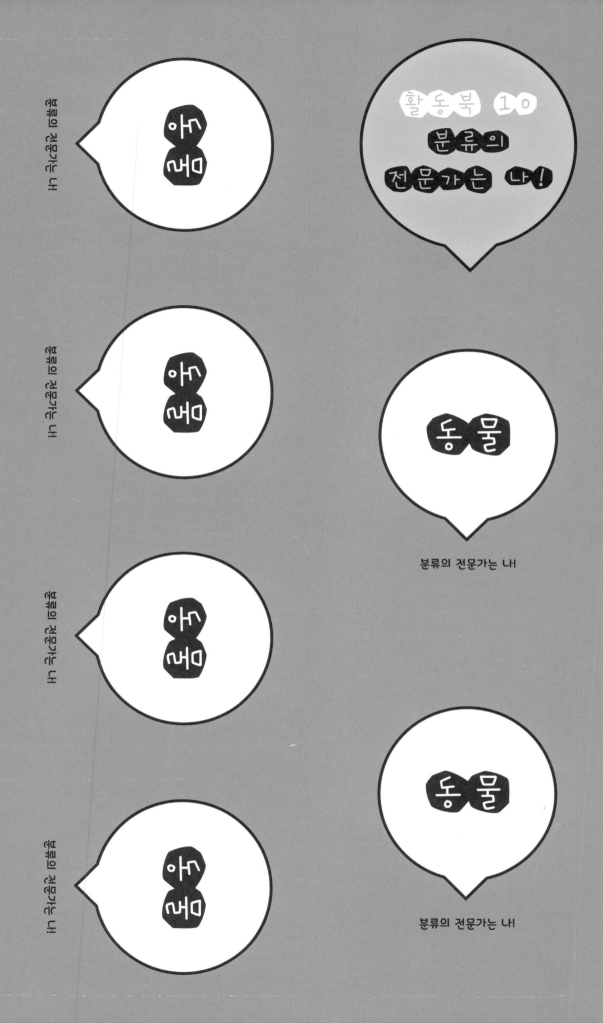

아홀로틀

오징어

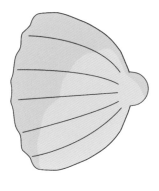

조개

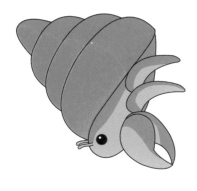

소라게

뱀

고래

활동북 1⃝

분류의
전문가는 나!

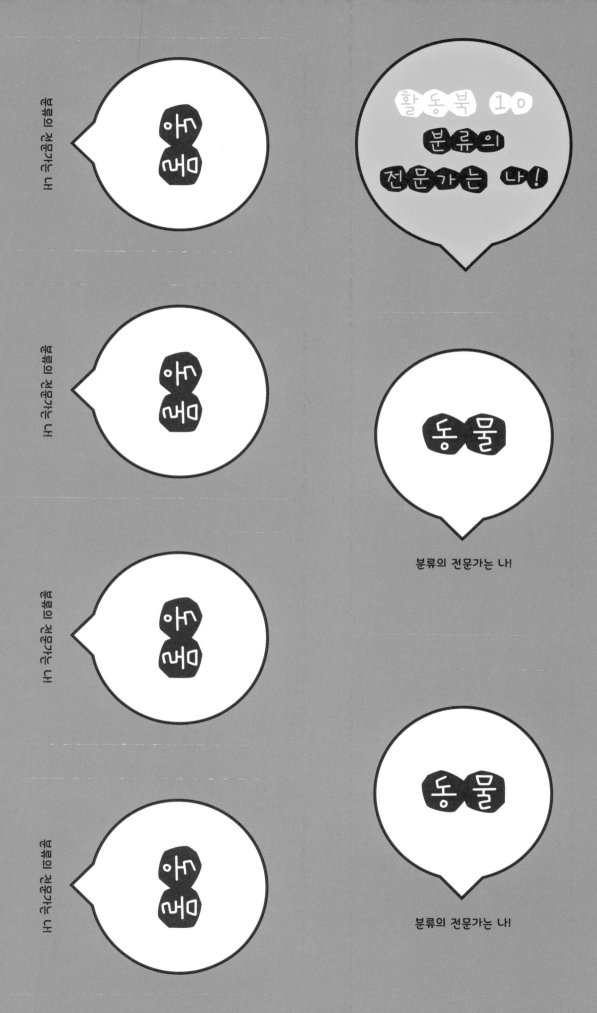

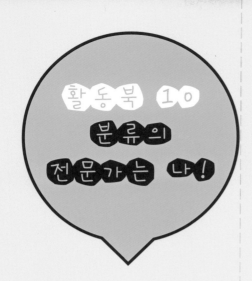

활동북 10
분류의
전문가는 나!

공통점이 있나요?
뾰족가 있는

호흡을 하나요?
아가미로

호흡을 하나요?
아가미로

다리가
있나요?

다리가
있나요?

다리가
있나요?

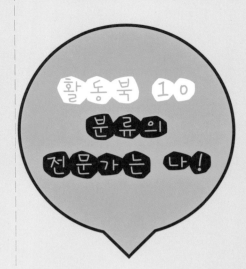

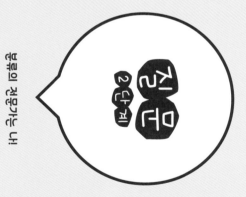

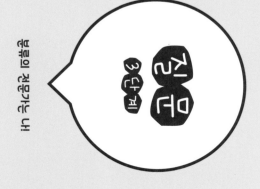

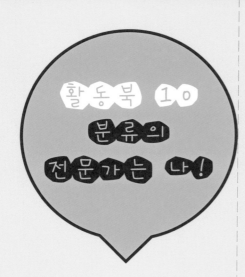

활동북 10
분류의
전문가는 나!

다리가
있나요?

분류 질문

앙에서
태어나나요?

씨앗 주변에
이가요?

껍데기가
단단한가요?

더듬이가
있나요?

분류의 전문가는 나!

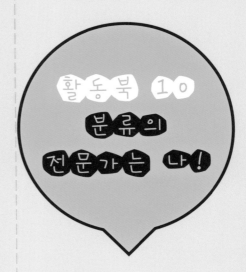

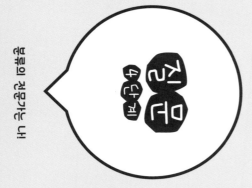

분류의 전문가는 나!

분류의 전문가는 나!

분류의 전문가는 나!

분류의 전문가는 나!

분류의 전문가는 나!

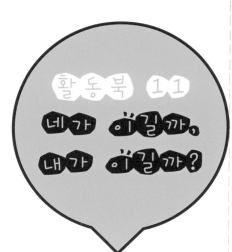

활동북 11

네가 이길까,
내가 이길까?

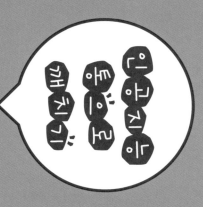

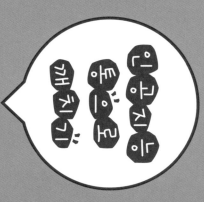

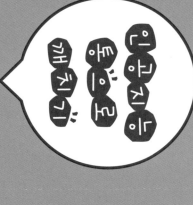

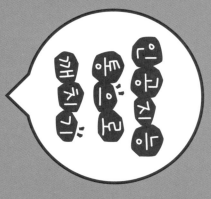

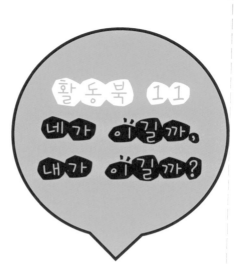

활동북 11

네가 이길까,
내가 이길까?

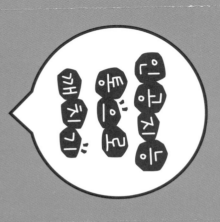

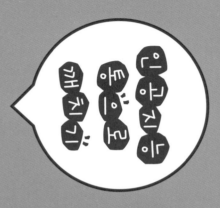

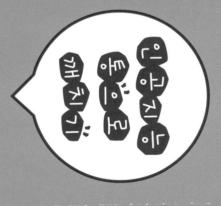

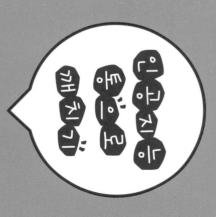

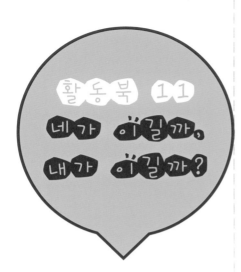

활동북 11
네가 이길까,
내가 이길까?

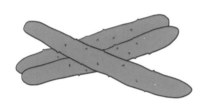

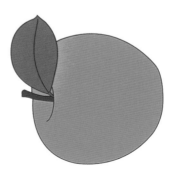

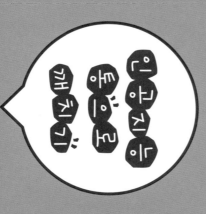

네가 이길까, 내가 이길까?

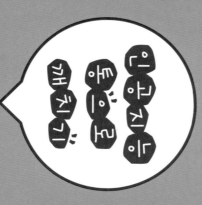

네가 이길까, 내가 이길까?

네가 이길까, 내가 이길까?

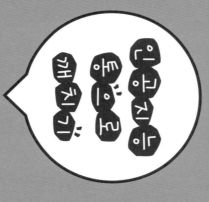

네가 이길까, 내가 이길까?

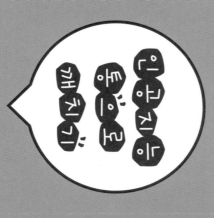

네가 이길까, 내가 이길까?

네가 이길까, 내가 이길까?

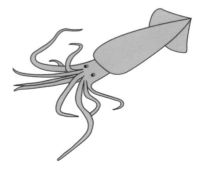

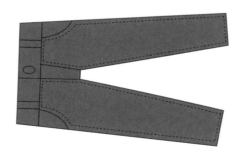

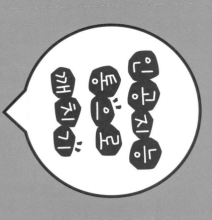

네가 이길까, 내가 이길까?

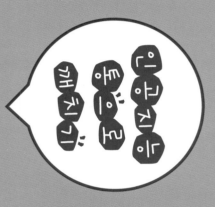

네가 이길까, 내가 이길까?

네가 이길까, 내가 이길까?

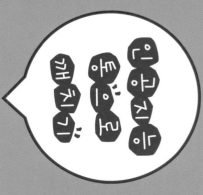

네가 이길까, 내가 이길까?

네가 이길까, 내가 이길까?

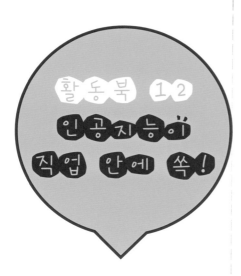

활동북 12
인공지능이
직업 안에 쏙!

버스기사

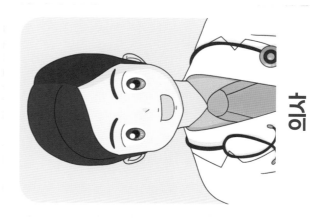

의사

경찰관

교사

소방관

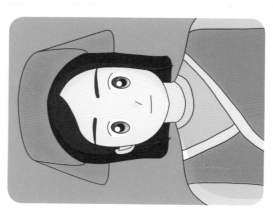

프로게이머

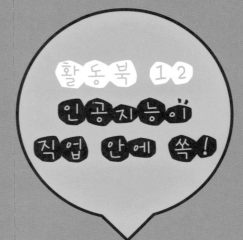

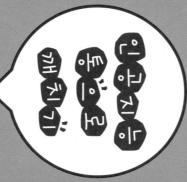

인공지능이 직업 안에 쏙!

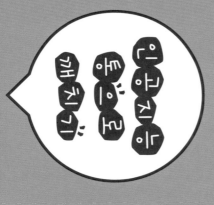

인공지능이 직업 안에 쏙!

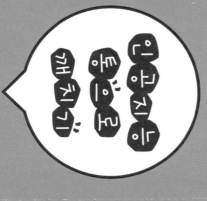

활동북 12
인공지능이
직업 안에 쏙!

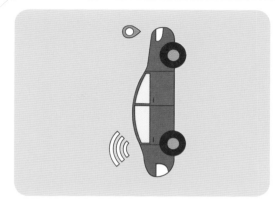

자율 주행

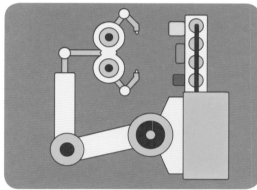

인공지능 자동화 로봇

데이터 시각화

이미지 인식

 포니

알림 도착

'포니'입니다. 궁금한 내용이 있으시면
메세지를 입력해 주세요.
더 이상 채팅을 원하지 않으시면 채팅 목록
에서 '채팅방 나가기'를 해 주세요.

'포니' 채널을 추가해 주셔서 감사합니다.
앞으로 다양한 소식과 혜택/정보를 메세
지로 받으실 수 있습니다.

어떤 문의가 있으신가요?

(운영 시간 : 평일 오전 10시 ~ 오후 6시)

챗봇

실시간 번역

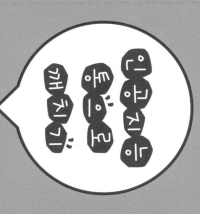

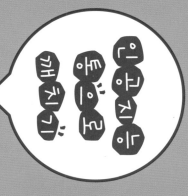

인공지능이 직업 안에 쏙!

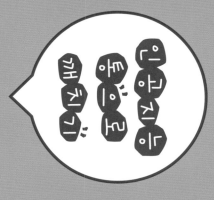

인공지능이 직업 안에 쏙!

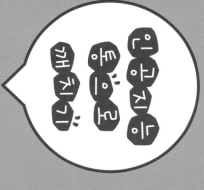